U0007350

China in the 21st Century

What Everyone Needs to Know

中國一把抓

你未必深知的108個問題

Jeffrey N. Wasserstrom
華志堅●著

Contents
目次

作者說明

第一部——歷史遺產

1 思想學派

孔子是誰？ 022
孔子的核心理念是什麼？ 023
他的政治願景是什麼？ 024
對孔子而言，歷史有多重要？ 025
孔子在中國一直受到尊崇嗎？ 026
孔子在他所處的時代受歡迎嗎？ 028
孔子學說的影響力始於何時？ 030
一個世紀前的人們如何對待孔子？ 031
儒家是一種宗教嗎？ 033
一九四九年後孔子的境況如何？ 034

孔子為何再次受到青睞？ 035
中共政權近年來究竟如何利用孔子？ 038
儒家是否阻礙了帝制中國的經濟發展？ 041
中國有本土的「民主」傳統嗎？ 043
Democracy 的漢語表達及其確切含義是什麼？ 045

2 帝制中國

中國早期的朝代主要有哪些？ 048
這些朝代是如何統治的？ 049
什麼是「朝代循環」？ 051
「朝代循環」論有怎樣的政治意涵？ 052
所有的朝代都很相似嗎？ 053
帝制中國如何與外國互動？ 055
什麼是鴉片戰爭？ 056
鴉片戰爭產生了什麼影響？ 058
大清王朝為何垮台？ 059

何種內部發展削弱了清帝國？ 059
農民反叛的意義是什麼？ 060
什麼是太平天國叛亂？ 061
為何中日甲午戰爭如此重要？ 063
什麼是拳匪之亂？ 064
這場危機如何遭到誤解？ 065
中國對拳亂有何不同的評價？ 066
瞭解中外對拳亂的不同評價為何重要？ 067
清帝國的統治如何落下帷幕？ 068
中共政權是一個新王朝嗎？ 069

3 革命與革命者

孫中山是何許人也？ 074
就任總統後，他為何被袁世凱擠下台？ 075
什麼是「北洋軍閥時期」？ 076
什麼是五四運動？ 077

五四時期最重要的激進派作家是誰？ 079
中共如何看待五四時期？ 081
俄國革命的示範為何如此重要？ 082
什麼是第一次國共合作？ 083
五卅運動為何重要？ 084
什麼是北伐？ 085
蔣介石是何許人也？ 086
什麼是長征？長征對毛的意義是什麼？ 087
什麼是南京大屠殺？ 090
中共是如何打敗國民黨的？ 091
群眾運動在中華人民共和國發揮了什麼作用？ 093
什麼是抗美援朝運動？ 094
什麼是百花齊放、百家爭鳴運動？ 096
反右運動期間發生了什麼？ 097
女性在中共統治前十年中的境遇如何？ 098
毛澤東及其主要盟友都是些什麼人？ 100

人們如何看待毛的著作？ 103
什麼是人躍進？ 104
什麼是文化大革命？ 106
何謂四人幫？ 108
為什麼中國現任領導人不否定毛澤東？ 109
除了視為惡魔外，人們還怎樣看待毛？ 112
毛在中國被認為是一個罪人嗎？ 113
普通中國人如何看待毛？ 114

第二部——當前及未來

4 從毛澤東到現在

鄧小平是誰？ 120
鄧小平的繼任者是哪些人？ 122
鄧小平究竟做過哪些事？ 125

人們現在如何看待鄧小平？ 126
什麼是民主牆運動？ 127
天安門事件的真實情況是什麼？ 129
中國政府為何一直不肯改變對天安門事件的態度？ 133
其他共產黨政權的垮台對中國有何影響？ 134
中國統治者如何避免陷入「列寧主義消亡」之境地？ 137
中國政府如何因應八九年後的各類抗議？ 140
中共為何以及如何鎮壓法輪功運動？ 143
現今中國的異議人士有哪些人？ 145
劉曉波是誰？ 148
網路在政治異議中起到什麼作用？ 149
中國的數位落差意味著什麼？ 151
中國的防火長城是全球獨一無二的嗎？ 153
二〇〇八奧運為何對中國意味重大？ 155
舉辦奧運向我們揭示了中國的哪些資訊？ 156
主辦大型盛會對中國會持續地具有重要性嗎？ 158

什麼是「一胎化」政策？ 160
中國政府鼓勵溺殺女嬰以限制人口規模嗎？ 162
當代中國絕對是獨一無二的嗎？ 163
中國與其他國家有何共同之處？ 166

5 美中誤解

美國人最常誤解中國的是什麼？ 172
中國的多樣性為何遭到忽略？ 173
中國的族群呈現怎樣的畫面？ 175
瞭解中國的地區差異有多重要？ 177
瞭解中國的年齡差異有多重要？ 177
中國真的仍是一個無神論國家嗎？ 179
中國是「老大哥式」國家嗎？ 181
中國人誤解美國最大根源是什麼？ 185
美中在西藏問題上有怎樣的分歧？ 187

6

未來

中國一心想主宰世界嗎？ 192
與台灣開戰的可能性有多大？ 195
中國會成為世界上最具支配性的經濟強權嗎？ 197
長久以來的鄉土中國能否很快變成城市中國？ 199
中國有可能成為一個民主國家嗎？ 201
人們將如何評價胡錦濤時代？ 202
中國的民族主義有多強大？ 203
未來十年中國將擁有哪種類型的政府？ 205
中共面臨著哪些重大挑戰？ 207
中國在環境和能源上面臨哪些嚴重問題？ 209
腐敗和政府信用問題為何令中共擔憂？ 211
美中如何調整以適應一個雙方皆為超級大國的時代？ 215
中美之間有哪些共同之處？ 217
這些共同之處是否意味著美國人要避免批評中國呢？ 219

致謝
注釋
進階閱讀

作者說明

一九七〇年代末，我一時心血來潮，報名選讀了中國歷史這門課程。當時，更深入地認識中國的過去和現狀，完全是一門選修課。如今，這種情形已完全改觀。彼時，我對中國文化、政治和社會的認識還很膚淺。這些認識部分來自美國電視對中國的零星報導，電視新聞當時仍然很有影響力。這些報導只有在重大事件發生時才會有，如一九七二年二月尼克森總統對中國的歷史性訪問。當時，中國新聞很少登上英文報紙的頭版，在體育、商業、娛樂等版面也幾乎遍尋不著。

三十年的時間，中國的命運發生了很大變化，世界對中國的關注度也有了很大提升。中國新聞成為西方報紙的常客，並出現在每一個版面。中國話題也成為其他媒體關注的主題，如CNN、網路媒體赫芬頓郵報（Huffington Post），以及以諷刺著稱的洋蔥報（The Onion）。幾年前，洋蔥報出了一期專刊，所討論的主題是，如果洋蔥報被中國企業收購，它的世界新聞報導會發生哪些變化。

但是，正如蒂莫西．加頓．阿什（Timothy Garton Ash）所指出的，鑒於中國的複雜性，以及它在全球經濟和外交事務中日益發揮的作用，與讀者的需求相比，西方國家對中國的報導仍然很不深入。[1]

如今，與世界任何一個國家相比，中國有更多的百萬富翁，更多的人口百萬以上的大城市，更多的網路用戶，以及更多的摩天大樓。在當前世界所面臨的最緊迫的議題上，中國都處於中心地位。它的溫室氣體排放量超過了任何一個國家。它持有巨額美國國債。它的產品充斥世界各大百貨公司的貨架。它不僅擁有核武器，還與北韓保持著某種特殊關係，而北韓的核武野心正是西方國家嚴重關切的議題之一。

鑒於以上種種，出版一本關於中國的啟蒙讀物很有必要，這種必要性在二〇〇九年我著手準備本書第一版的時候就已經表現得很明顯。對任何人而言，想要對世界事務有廣泛的瞭解，就必須關注中國的歷史、現狀和未來。二〇〇九年以來的中國和國際形勢走向進一步強化了這一點。中國仍是世界人口最多的國家（也許印度不久將超過中國並背負相應的負擔），並於二〇一〇年超過日本成為世界第二大經濟體（並且，許多人相信，其經濟規模最終將超過美國）。中國的發展道路，以及世界各國與中國之間的相互影響，都是引起廣泛興趣和深度關切的問題。中國在二十一世紀的境況與地球上的每個人都息息相關。

我對第一版所引發的反響深感欣慰，其中包括來自海外的關注，第一版有土耳其語和韓國語版本。很高興有機會對第一版進行修訂和更新。更加欣喜的是，我能夠說服莫拉·伊莉莎白·坎寧安（Maura Elizabeth Cunningham）和我一道從事第二版的修訂工作，莫拉是一位有天分的作家，精通中國歷史和文化。莫拉和我在許多刊物上共同發表過文章，並且在她擔任"China Beat"部落格總編輯的幾年間，我一直擔任該部落格的指導編輯（advising editor）。在準備第二版的過程中，她對前幾章的行文風格提出了很好的建議，使行文更加流暢。第一版面世至今，中國發生了一連串事件，或令人激動，或讓人痛苦，或使人困惑。在提出與這些事件相關的問題並尋找答案時，莫拉是一位稱職的搭檔，常常發揮著相當重要的作用。

僅僅是這些新增問題的簡單羅列，便足以提醒我們，中國過去的幾年是怎樣的多事之秋。第二版的新增內容包括，對劉曉波和莫言分別獲得諾貝爾和平獎和文學獎的討論，以及海內外對這兩個獎項的不同反應。第一版全然沒有提及薄熙來，第二版增加了這一部分，對導致薄熙來下台的醜聞做了說明。這樁醜聞發生在胡錦濤向習近平移交權力的幾個月前，一定程度上使這次權力交接遭遇了若干波折。本書新增加的問題和答案，將注意力集中在二〇〇九年以來的具體事件和人物上。同時，還關注最新的發展趨勢，如重要性不斷上升的民眾針對生活品質所發起的抗議以及政府對抗議的掩蓋，這些掩蓋行為激起了熱烈的網路討論，並削弱了中共的可信度。最後，同樣重要的是，第二版還對第一版的閱讀材料進行了全部更新。

書中許多內容仍一成不變。比如，我們沒有更換封面照片，因為這些照片完美地喚起這樣一種感受：中國在許多方面正快速改變，而在其他方面則驚人地拒絕變化。另一個沒有改變的地方，是本書的中心目標，它旨在推動中國討論的正常化。中國往往被視為——套用一種陳詞濫調——神秘莫測的國度。本書的首要目標依然是掃除西方誤解中國的根源，並在與中國相關的重大議題上提供洞見。最為重要的是，本書要揭示，儘管中國的複雜性令人生畏，但我們依舊可以在事關中國本質的問題上，形成一種基本認識。

同樣不變的是書中的基本框架，以及支撐論點的經驗和材料。最初幾章關注中國歷史，以及它們與當代中國困境的相關性。後面幾章則聚焦於當下中國。莫拉和我引用了我們之前的研究，並從幾次中國之行中汲取靈感。過去十年間，莫拉數次延長在中國的停留時間。而我，則在一九八〇年代中期在上海呆了一年，此後又有數次短暫回訪。

然而，書中的許多內容借鑒了他人的重要研究成果，這些成果涉及（人類歷史上最大規模的）農村人口向城市的遷徙，這種遷徙極大地改變了中國的社會面貌。此外，還涉及毛澤東（1893–1976）的政治遺產。除了借鑒學者的文章和著作外，本書還嚴重依賴一群優秀記者和自由作家的出版物，在他們的推動下，出現了——用一位學者的話說——外國人書寫中國的「第二春」。[2]西方對中國的刻板看法和過度簡化，往往被經過剪輯的新聞片段和自認為高明的專家意見所強化。作家們向中國之外的讀者提供故事和資訊，正對上述局面形成衝擊。本書試圖推進這一努力，並展示西方對中國的某些誤讀。

最後還有兩點要說明，這兩點均與本書的探討範圍相關。儘管面向世界各地的讀者，本書仍不可避免地受制於這一事實：我最熟悉的乃是美國人對中國所持的問題，以及美國國內所流行的看法和誤解。事實上，書中有一章，專門探討美中之間的誤讀以及兩國的共同之處，儘管兩國常常顯得截然不同。

本書站在美國人立場審視中國，閱讀這樣一本書籍不無裨益。美中兩國有著巨大的經濟和地緣政治影響力。兩國在其他方面也很突出：比如，美國有著最高的人均生產率，而中國則是最大的溫室氣體排放國。兩國人民如何看待彼此理應成為一個人人須知的事情。

第二點，正如本系列的其他書籍一樣，本書無意成為關於中國的百科全書，對許多重要問題也僅僅是有所涉及。前三章論述中國的歷史遺產，後三章專注於當前的困境和對未來的展望。這六章自然是全書的中心，事實上也的確如此。不過，我仍然希望在書中提供一個整體框架，使讀者對中國有更加清晰的認識。因為中國這樣一個大國，無論當前還是今後，毫無疑問，都將在二十一世紀的重大事件中扮演中心角色。

Part One

Historical Legacies

歷史遺產

要瞭解今天的中國，至關重要的是瞭解它的過去，尤其重要的是瞭解與當下的局勢發展有直接關聯的那部分歷史，一方面是因為它們創造出了某些先例，另一方面，也因為當下的中國領導人要麼對之加以排斥，要麼對之加以夸大。按照這樣一種思路，並儘量避免對中國的歷朝歷代進行令人生厭和困惑的冗長敘述，在接下來的三章中，我們對中國兩千多年的歷史進行了有選擇的、但我也希望是有啟發的快速審視。第一章介紹中國早期的主要思想學派，尤其是孔子的思想，因為當前的中國領導人試圖向外界展示，儒家和共產主義理想可以彼此互補。這一章也關注中國歷史上的民主傳統，表明這些傳統並非近代以來才自西方引入。第二章關注中國的傳統政治結構和主要政治觀點，包括「天命」觀，這一觀念認為，上天和現實政治的變動之間存在著相互作用，而這是皇權統治的合法性來源。另外，這一章也檢視了中國歷史上不同朝代之間統治上的異同。自西元前三世紀到一九一二年，中國由前後相連的一系列王朝所統治，而中國最後一位皇帝在一九一二年遜位，從而共和政府得以建立。第三章的標題是「革命和革命者」，其時間跨度從一九一二年至毛的去世，回顧了這一時期所出現的改變中國的事件和人物。這一章的最後，我們審視了毛澤東的遺產，重點是，他一九七六年去世後，中國人如何評價和對待這位前任領袖。

I — Schools of Thought
思想學派

孔子是誰？

孔子（西元前551-前479）是生活在周朝的春秋戰國時期的一位教育家和哲學家。與同時期的蘇格拉底類似，孔子也沒有著作傳世，我們只能透過他死後形成的文本來瞭解孔子的思想。[1] 這便是《論語》，它記錄著據信是孔子口述的箴言以及他與弟子間的對話。流行於海外中餐館的幸運簽餅上的「子曰」便來源於這些箴言，這種餅乾起源於十九世紀的日本或二十世紀的加州。[2]《論語》涉及一系列主題，如「君子」的日常行為規則（詳盡到飲食方面應該遵循的禮儀）以及統治者的治理之道（施行仁政，關注人民疾苦）。孔子最著名的一句名言是「性相近，習相遠」，體現了中國文化對教育的推崇以及中國政治傳統的精英色彩。另一句廣為人知的名言則是「有朋自遠方來，不亦樂乎」。

這句名言因為在二〇〇八年北京奧運會的開幕式上被引用而再次名躁一時。引用斯語有明顯的用意，因為在北京鳥巢體育場觀看盛大開幕慶典的有許多外國領袖，其中包括美國總統布希和俄國總理普京，布希是第一位出席外國奧運開幕儀式的現任美國總統。這一名言在二〇〇九年十一月又一次被援引，這次是個中國年輕人，當時歐巴馬總統正在中國進行國事訪問，作為行程的一部分，他在上海舉行了「市政廳會議」，這位年輕人在提問時提及此名言。援引孔子之言無疑既符合中國的對外宣傳目標，也符合北京奧運的公共策略。從而證明，中華人民共和國已經成為一個對外界開放的國家，並在奉行革命的傳統和價值時也尊崇古人。

孔子的核心理念是什麼？

《論語》所概述的道德願景強調了三件事情的重要性：教育、禮、以及尊卑有序的等級關係，這種關係使上下雙方均從中受益。教育之所以重要，是因為一個人只有透過學習儒家經典，才能夠認識古代先賢並像他們那樣行事。這些傳奇性的先賢包括（遠在周朝建立之前的）堯和舜，以及比孔子早幾個世紀的周公。禮的重要性在於，它是對人類早期社會最佳實踐的自然模仿。而在孔子看來，那是一個更加純潔的社會。長幼有序、尊卑有別的等級關係之所以受到重視，是因為在這種關係中，每一方的責任都是清晰的。

他的政治愿景是什麼？

孔子認為政治關係是家庭關係的擴大，這意味著，統治者應該像父親對待子女那樣對待他的子民。他尤其強調四種關係的重要性，即君臣關係、父子關係、長幼關係、夫婦關係。孔子認為，這些關係是互惠的，在每一組關係中，一方要仁慈，另一方要服從。後來，孔子的追隨者又發展出第五種關係，即朋友關係，它具有更為濃厚的平等主義色彩，卻從未如前四種關係那樣被強調。

在上述四種關係中，前者（君、父、長、夫）被期待著保護後者（臣、子、幼、婦）。反過來，後者則被期望著服從前者。一旦人民不再依照既定的角色行事，整個社會秩序便會面臨威脅。

孔子生活在一個戰亂頻仍、社會動盪不已的時代，這種局面在他死後一直持續到戰國時代（西元前475-前221）。他所表達的觀點，提供了一個社會治理方案，如被公正的統治者所遵循，便能確保他的國家境內秩序井然。孔子還許諾說，如果統治者遵循他的教誨，那麼還能夠不斷拓展其國家的疆域，因為其他國家的人民趨之若鶩，來到這片和平且治理良好的土地。

對孔子而言，歷史有多重要？

在孔子看來，歷史至關重要。他聲稱在西周時期（西元前1046-前770），也就是周公所處的時期，曾出現過一個和睦美好的黃金時代。周公是孔子最敬仰的歷史人物。孔子認為那個時代的人們在社會秩序上各安其位而不逾矩，他讚美並號召人們學習那個時代。

依照《論語》的說法，一個力圖改變現狀的真正的君主，首先要做的便是尊古復禮，尤其是恢復西周時期的禮樂制度，以幫助社會成員重新確立恰當的行為規範。統治者還要確保自己隨時都要以仁慈的父親為榜樣來對待自己的子民，這會導致社會上其他處於長者地位的人競相效仿。因此，一個擁有好的統治者的國家，也必然是一個擁有很多好父親（以及其他的直系長者）和好丈夫的國家。

這種立論無疑帶有自我推銷的一面。因為孔子和他的門徒聲稱，要實現上述目標，一個真正的君主需要顧問的輔佐，而顧問則是那些精通儒家經典、對古代的禮儀有著精深研究的學者。換句話說，孔子和他的門徒們毛遂自薦，希望統治者注意到他們這些禮樂專家的建議。

孔子在中國一直受到尊崇嗎？

事實並非如此，相反，孔子的地位在中國歷史上幾經起落。儘管他的一些理念——如最好的官員也應該是學者、或教育至關重要——在中國歷史上的大多數時期都受到推崇。但在某些時期，他的教誨被忽視，甚至受到貶抑。

僅從北京奧運會期間孔子所受的待遇來看，你無法得出這一點。不僅僅是開幕慶典中援引了論語中的孔子名言，而且，一位孔子的當代後裔也參加了奧運前的火炬傳遞，扮演了一個非常重要的象徵性角色。而在奧運會開幕儀式上，三千名表演者身著孔門弟子的衣飾、並模仿聖賢的儀式在鳥巢裡亮相。這幅畫面意在向世界展示，作為一位國家的聖哲，孔子幾千年來不曾間斷地一直是中國的核心象徵。

對於那些經歷過中國不同歷史時期（包括一九七〇年代初）的人來說，這一幕令人感到陌生和意外。在一場由中共的總書記所主持的全國性慶典上，孔子被給予如此榮耀的地位，這在四十年前難以想像。

那是毛澤東時代（1949-1976）的末期，孔子在一場大型的運動中（批林批孔）備受苛責。人們認為孔子的學說僵化保守、反對平均主義，給世世代代的中國人，尤其是中國女性，帶來了極大傷害。人們指責他說，由於孔子的學說支持廣泛的不公不義——從祖先崇拜到重男輕女——從而使中國幾千年來一直處於「封建」社會。然而如今，孔子的觀點（儘管有時被修改）重返榮耀，備受推崇，甚至於在二〇〇八年的奧運會開幕式上，中國和全球界的電視觀眾都注意到，中共最位高權重的領導人胡錦濤對著三千名裝扮成孔子弟子表演儀禮的演員頷首微笑。順便提一下，這些表演者全部來自中國解放軍所轄的文藝工作團。

如果孔老夫子是一位運動員，並且迅速地從過氣狀態重返榮耀，東山再起，那麼西方的電視播音員無疑會稱他為北京奧運會上的「不死鳥」（Comeback Kid）。事實上，這些播音員僅僅是照新華社的稿子宣科，把中共尊崇孔子視為中國尊重其歷史傳統和偉大人物的自然結果而已。

孔子在他所處的時代受歡迎嗎？

終其一生，這位先哲在吸引其追隨者方面並不是特別成功。他偶爾能引起統治者的注意，但從來沒有機會實現他所追求的目標——長久地輔佐某位君主。在他去世後的幾個世紀中，這種狀況並沒有明顯改變。儘管在這一時期，孟子（西元前372–前289）等人對孔子的思想進行了重要的提煉和補充。在儒家的發展歷程中，孟子的地位僅次於孔子。「儒家」的觀念很久以後才出現，這一觀念認為孔子和孟子的思想構成了一套可以做出清晰界定的教義，類似於西方的宗教。[3] 事實上，一直到戰國時代結束，孔子的思想依然不過是諸子百家中的一家，道家、法家，以及某些教義現在已經變得晦澀不明的其他學派，其主張偶爾也會被某一個或另一個統治者所採納。當時諸侯林立，紛爭不已，構成了今日所謂的中國。即便孔子的學說被採信，也往往被沖淡，並融合了其競爭對手的部分主張。

甚至，孔子及其思想還受到道家和法家等其他學派的冷嘲熱諷。與儒家相比，道家宣導一種更加平等的社會關係，主張自然，反對儒家的「禮」。

法家則認為，統治者不應追求成為道德上的模范，而是要贏得他人的尊敬甚至恐懼，當然這需要以嚴明獎懲的手段來達到目的。儘管道家和法家本身的觀點在許多方面都不盡相同，但二者均認為孔子要求學習古代典籍的主張是誤入歧途。道家的理由是，真正的黃金時代並非是創製出儒家經典文本的西周，而是在西周之前，那是一個質樸的時代。而秉持實用主義態度的法家則認為，世界在不斷地變化，而統治者應該不斷適應新的挑戰。

到西元前二二一年，當秦始皇消滅六國、一統天下時，孔子依然遠沒有成為諸子百家中最有影響力的一員。秦王朝（西元前221-前206）的創立者秦始皇無暇顧及孔子的思想，他所青睞的是助其建功立業的法家，而非勸其施行仁政的儒家。提到秦始皇這個中國第一位皇帝，人們首先想到的是萬里長城和用於陪葬的兵馬俑。兵馬俑與秦始皇有關，但萬里長城則不然。秦始皇確實建立了一些大型防禦工事，但今天我們遊覽的、號稱可追溯至秦朝的長城實際上是熱衷於修筑防御城墻的明朝（1368–1644）的遺蹟。[4]然而，秦始皇建造萬里長城的傳聞之所以可信，原因在於，他所贊同的法家思想使他有能力徵募工程所需的大批勞力。

秦始皇死後不久出現的由漢朝史官寫就的歷史記載，將他描述為一位殘忍的暴君。[5]這些史書將秦始皇定義為一個統治失敗的典范，一位遭到其子民無比痛恨的皇帝，所以他夢想萬世永存的秦朝最後坍塌了。在他死後不久，他的兒子剛承襲王位，隨之爆發的人民暴動就推翻了他。秦亡的結果是，在漢代（西元前206-220）以降歷朝歷代的思想體系中，儘管我們仍能發現法家影響的蛛絲馬跡，但其信條卻再也沒有被官方推崇過。

孔子學說的影響力始於何時？

直到秦朝（英語中的「China」與「Qin」的發音有關）滅亡、漢朝建立之時，孔子學說才成為官方意識形態的核心部分。也正是在那個時候，儒家學說開始與其他學派的思想相融合，如道教和陰陽宇宙觀。陰陽宇宙觀強調不同乃至對立事物之間的相生相剋，有時被視為道家的一種信條，有時又被當作一個獨立的思想學派。

儒家的理想和實踐在連續幾個朝代裡大多受到稱頌，但就像在漢朝那樣，儒家學說中也往往混雜著來自其他思想的觀念和儀式，這些思想信條包括在中國歷史上一再出現的道家和民間信仰傳統。此外，儒家學說最終也在很大程度上受到了佛教的影響。佛教是一種自國外傳入，但很快就變得本土化的信仰體系，並在唐朝（618–907）迎來了一波早期的鼎盛時光。唐朝是一個開放包容的時代，大量新的觀點和新的物品經由類似絲綢之路這樣的陸路貿易源源不斷地湧入中國。而到了宋朝（960–1279），佛教觀念對儒家傳統的修正更是進一步作出貢獻，甚至是起到關鍵的作用。儒家的這一次修正是如此重要，以至於後人用「新儒家」（「Neo-Confucianism」）這個概念來描述它。

一個世紀前的人們如何看待孔子？

孔子命運的大轉折發生於二十世紀初。當時中國許多知識份子認為，對「儒家」價值的堅守導致了中國的衰落。他們將中國落後於西方和日本這一事實歸咎於孔子。因為日本之前同樣是一個儒教國家，但它在十九世紀中葉開始追隨歐美的發展道路。

一九四九年之前最重要的反孔高潮出現在新文化運動期間（1915-1923）。這是一場偶像破壞運動，其領導者之一胡適在一本書中稱之為「中國的文藝復興」，這本書是胡適一九三〇年代師從美國哲學家杜威（John Dewey）時，在芝加哥的一系列演講的匯編，書名就叫做《中國的文藝復興》。新文化運動與歐洲的啟蒙運動有共同點，如對傳統的強烈質疑、推崇理性，也與一九六〇年代西方的反文化運動有異曲同工之妙，如讚美青年人的價值觀，讚美文學和藝術的新形式。[6]

新文化運動的參與者，包括青年時期的毛澤東和中國著名作家周樹人（1881-1936，筆名魯迅），都撰文嚴厲批判孔子。他們認為中國社會所存在的問題，如一味尊老而荼毒青年，女性受壓迫，個人主義和創造力遭扼殺，因循守舊排斥創新等，都是拜孔子所賜。因此他們主張，中國如要邁向現代社會，就必須拋棄孔子和他所代表的一切，擁抱西方文明的精華，正如全球影響力不斷上升的日本所作的那樣。他們也認定知識份子應放棄文言文寫作，改採「白話文」。當時，文言文在人們的日常交流中早已不再使用。

部分新文化運動的旗手在此後幾十年間依舊堅持其反孔立場。但是另外一些人則在加入了中國國民黨後，最終放棄這一立場。中國國民黨最初在文化上表現得頗為激進，後來則變成一個在文化方面持保守主義立場的組織。

事實上，在蔣介石（1887–1975）的帶領下，國民黨在一九三〇年代致力於推動儒家的復興。蔣介石認為，中國最好的出路在於，將儒家價值觀和源自日本及西方的先進技術和理念相結合。作為一名基督徒，蔣介石將孔子這位中國先哲的誕辰確立為國家法定假日。他認為，儒教所看重的傳統、家庭、社會秩序和界定清晰的社會等級，與聖經教義並不衝突。

儒家是一種宗教嗎？

孔子本人更多地是一位哲學家，而非宗教人士。雖然他強調的尊老符合宗教的祖先崇拜，並且在他生前身後，尊老一直是中國鄉村和某些時期上層社會的生活支柱，但他卻同時聲稱「未知生、焉知死」。

儘管如此，在整個中國歷史上，孔子有時卻被提升至聖人或神的高度。各地均修建供奉他的孔廟（包括中國政府近期修繕得煥然一新的部分孔廟）。孔子的家鄉曲阜也成為一個朝聖的所在（並於最近引進了相關的主題公園）。在信奉基督教的蔣介石統治時期，孔子受到尊崇已經是一種諷刺了，但更為諷刺的是，在據稱是無神論者的共產黨統治之下，孔子依舊備受推崇。

關注中國的外國人往往會認為，這個國家有三種宗教：儒教、道教和佛教。儘管儒教更多地是一種哲學而非宗教，道教和佛教卻的確是重要的宗教思想體系。然而，與猶太基督教傳統的西方相比，中國人的宗教認同有著很強的流動性，許多人會根據具體狀況在三者之間隨意變動。比如，由於孔子與學習的相關性，某些人在參加重要考試之前會前往孔廟祭拜，但同時又自視為虔誠的佛教徒，每天清晨吃齋念佛。與其他宗教一樣，佛教在毛澤東時代也遭到鎮壓，但最近幾十年間又大面積復興。與孔廟類似，許多佛教寺院也於近期得到修繕，有的還成為旅遊景點。在這裡，遊客可以從事「放生」活動（將魚鳥放歸自然），可以在修葺一新的寺院建築間穿梭，可以吃素齋飯，並在旅程結束前採購禮品。

一九四九年後孔子的境況如何？

蔣介石被迫退踞台灣之後，中共於一九四九年十月一日掌握政權，並立刻停止了紀念孔子的誕辰，這絲毫不令人感到奇怪。反孔的觀點在整個毛澤東統治年代一直居於主導地位。一九七〇年代初的批孔運動只不過是這一觀點的極端表現罷了。在毛去世後，反孔的立場仍短暫流行，當時的領導人是毛指定的接班人華國鋒（1921–2008）。但他不久就被鄧小平（1904–1997）取而代之。此後幾十年中，華國鋒一直擔任相對次要的職務。

在中共統治的最初幾十年間，與儒家理想相悖的平均主義大行其道。但新形式的不平等隨著享有特權的幹部階層的出現而逐漸紮根。這一時期，政府透過建立新的公共單元(Communal Units)，如集體和人民公社，試圖最大限度地消除家庭作為社會單元的重要性。當時的中國領導人強調，要適應新的狀況，開創新的未來，而不應該歌頌任何過去的美好時代。這也是中國歷史上罕見的法家思想受到積極對待的一個時期。這是因為在中國歷代帝王中，毛澤東最為推崇秦始皇。他認為秦始皇是個遵循法家思想、鄙視脫離實際的死讀書、並具備成就千秋功業之能力的人。

孔子為何再次受到青睞？

官方開始重新推崇孔子，雖然表明了中共立場的完全轉向，但這並非是難以理解的。它契合了當前的中共政權傾向於認定歷史是連續性的，而且視之為一個整體的態度。中國官方聲明中頻繁地提到中國具有「五千年」的光榮歷史、其文化傳承「未曾中斷」、以及中華文明是當今世界上「唯一存在的統一而且連續的文明」。[7] 但這種看法是有問題的，因為無論是中國的疆域和版圖，還是民眾的價值觀和傳統，在歷史上都經歷過多次變動。然而，對歷史採取大而化之的態度在當前司空見慣，任何有助於彰顯歷史偉大性的事物都被視為值得尊重。

不僅僅是孔子，還包括其他歷史古人，甚至是早期中國的一些象徵神話人物（如堯舜禹）都得到中共的積極宣傳和頌揚，籍此將自身塑造為中國歷史上進步元素的傳承者和發揚者。在毛時代的前期，這一立場反過來也適用那些被視為中國歷史糟粕，而非榮耀的東西，例如毛澤東並不認為紫禁城有多麼莊嚴神聖。反之，他樂於看到這些明清時期的宮闕變得頹敗不堪。在毛時代，紫禁城的庭院中曾一度陳列著各種雕塑，提醒人們勿忘在共產革命前的黑暗時代，統治者和地主帶給普通中國人的不公不義。然而現在，北京故宮得到了精心地維護和修繕，以展示出中國歷史的迷人美麗而非頹廢。它更被視為到訪中國的外國貴賓必去的地方，一如美國總統歐巴馬在二〇〇九年第一次訪問中國時前往遊覽那樣，是中國工藝和建築傳統的輝煌燦爛的代表。

同樣，你既可以頌揚孔子的言論，也可以稱讚秦始皇的偉大事蹟，無須二者擇一，認為二者之間非此即彼的舊有觀察范式已被拋棄。現在，論語和兵馬俑被視為是可以互補的，共同象徵著古代中國在許多領域內都取得偉大的成就。

把通常被看作是代表著對立傳統的古代偶像胡亂地搭配在一起，符合了當前中國領導人的需要，他們希望培養出一種民族自豪感，將中國形塑成一個有著偉大過去的國度，並在他們的領導下正重歸偉大。這部分地符合中共政權的利益，並使台灣、澳洲、美國以及其他國家的華人後裔（即便他們不喜歡中共）對中華人民共和國產生認同，前去旅行或帶來投資。

孔子再度歸來還有一個更特定的原因。那就是，孔子及其追隨者所強調的社會和睦，與胡錦濤等中共領導人所關注的社會穩定，二者十足契合。

毛澤東追隨馬克思主義的傳統，強調：進步源於事物之間的對立和鬥爭。與此相反，儘管當今的中共領導人仍然聲稱他們奉行馬克思主義，但為胡錦濤量身訂制的宣傳口號——構建「和諧社會」——卻有著強烈而蓄意為之的儒家色彩。

在北京奧運開幕慶典上甚至出現了一幕這樣的畫面：宣傳口號「和諧」中的「和」字以異常醒目的方式展示出來。而在二〇〇九年十月一日，中華人民共和國建國六十周年閱兵式上出現的五十條官方核準的標語中，「和諧」二字也處處可見，其中一條號召人民幫助共產黨「構建社會主義和諧社會，促進社會公平正義」。

中共政權近年來究竟如何利用孔子？

除了在北京奧運會期間展示出孔子的畫像，並以「和諧」社會來回應論語和後來的其他儒家經典以外，中國政府自二〇〇四年至今，還在世界各地資助創建了很多個「孔子學院」。孔子學院一定程度上借鑒了德國歌德學院的模式。其公開宣稱的目標是，透過各種學習漢語課程、中國歷史課程等，進一步增強世界對中國文化的瞭解。而它的歷史課程強調中國歷史的連續性，突出「中國五千年文明史」的觀點。然而，正如詹啟華（Lionel Jensen）的研究所揭示的，和歌德學院及其他類似機構的一個關鍵區別是，孔子學院在「很大程度上是由中國政府出資，並向政府報告工作的」[8]，這明顯不同於具有獨立性的歌德學院。

在西方，孔子學院也常常引發爭議。有論者指出，最極端的情形是孔子學院的資金和人員均來自中國政府，是中共向美國社會滲透的工具。這種危言聳聽的論調讓人回想起一九五〇年代的「紅色恐慌」（「Red Scare」）。然而，對孔子學院的擔憂並非全無道理。確切地說，一些學者擔心，中國政府出資支持的這家機構，最終可能會以一種微妙的方式限制大學的學術自由。例如，中國當局會施加各種壓力以阻止世界各國的官員公開會見達賴喇嘛。這不難想像，邀請達賴喇嘛發表公開演講的機構，如果是從孔子學院申請到的資金支持，很可能遭到中國當局公開或私下的拒絕。再如，中方官員往往會受邀出席孔子學院主辦的系列演講活動，因此，活動主辦方在確定參加者時，很可能迴避開那些與流亡海外的中國異議人士或大陸政治犯有密切關聯的外國學者，以減少出現尷尬局面的可能。[9]

評論者很少指出，北京選擇以「孔子」來命名這家機構，這本身對瞭解歷史的人是一個不小的震動，因為在毛時期，中共一直都反對孔子。這種震撼程度，就像蘇聯末期建立「沙皇尼古拉學院」(「Tsar Nicholas Institutes」)向全世界傳播俄羅斯文化那樣。

官方儒學的復興引發了中國各地都重建孔廟供奉孔子、或樹立起這位先哲的雕像。在中國的部分地區，孔子雕像的數量已經超過了現存的毛澤東雕像。當前中國的這些現象正在呼應蔣介石統治時期的中國，和早期的國民黨一樣，中共這個原本也是激進的革命政黨，如今則從孔子這個宣導傳統與和諧的哲學家那裡汲取靈感。

中國民眾也恢復了對孔子的興趣。本世紀以來中國最暢銷的一本非小說類書籍是于丹的《論語心得》。她是一個富有媒體性格的作家，這本中國版的心靈雞湯賣出了數百萬冊，並被譯作英文出版。雖然有人批評這本書是對孔子思想的歪曲和簡化，但毫無疑問，它非常受歡迎。[10]

中國政府把「于丹現象」解讀為一個人民和政府共同期待社會和諧的象徵。但是，我們也可以作這樣的解讀：幻想破滅、缺乏信仰的人們饑不擇食地迷信一些新的事物，即便它僅僅是新瓶裝舊酒。

可是北京奧運會之後，中共政權已經開始降低原本對孔子的推崇。極不尋常的一幕發生在二〇一一年。當年一月，一尊高九點五公尺的孔子青銅雕像樹立在中國最具象徵性的公共空間——天安門廣場上，然而到了四月份，這尊雕像卻在一夜之間消失不見，被移到距離廣場不遠的國家博物館的某一個角落。雖然政府宣稱這完全是按計畫進行，但這一如此隱祕而突然的舉動還是引起了許多人的猜測。[11]人們往往透過密切關注政權的舉動來判斷當前的政治風向球。儘管中國領導人仍在強調孔子以及建設和諧社會的必要性，但當前儒學復興的勢頭已無二〇〇八年那般強勁。

儒家是否阻礙了帝制中國的經濟發展？

對此，德國社會學家馬克思·韋伯（Max Weber）的回答是肯定的。他認為，新教（Protestantism）鼓勵革新、關心變革、推動了資本主義的發展，而孔子則強調向後看，希望重歸昔日的輝煌。在韋伯看來，這無疑會阻礙經濟發展。此外，儒家經典認為，除了統治家族外，中國社會還存在四個基本的社會階層，即士農工商。前兩個階層受到孔子及其追隨者的高度重視——士即讀書人，可以確保國家的良好治理；農民則為社會生產糧食。工匠階層次之，他們為社會提供有用的物品，但卻並非必需品。商人的地位最低，備受鄙視，對社會完全沒有好處。

然而，儒家阻礙經濟發展的觀點存在兩方面的問題。

首先，正如彭慕蘭（Kenneth Pomeranz）的研究所顯示的，直至一七五〇年，儒家中國經濟最活躍的地區在商業化和繁榮程度上與同期的新教歐洲並不相上下。因此，一七五〇年之後致使中西方在經濟發展上的「大分流」（Great Divergence，彭慕蘭語）似乎要歸因於思想模式之外的因素。[12] 彭慕蘭認為，這些因素包括自然資源的分佈——比如，英國的商業中心很幸運地比鄰其煤碳產區；以及各自採取的不同帝制形式——歐洲帝國選擇了向海外擴張，而同時期的清王朝則固守內陸。他聲稱，英國經濟的快速起飛與下面的事實緊密相關：其一，借助於殖民主義和殘存的奴隸制，英國可以有效利用海外的土地密集型產品，從而彌補歐洲較低的農業畝產量。另一個有利因素是，英國的煤碳相對易於開採。而同時期的中國所擁有的大量煤炭，卻分佈在鐵路時代來臨之前很難將之開採出來的地區。

儒家和經濟發展未能攜手同行的觀點，面臨的第二個問題是，許多在近幾十年來出現經濟增長奇蹟的東亞國家，如日本、香港、南韓、新加坡和台灣，它們們與中國一樣，也受到過儒家的巨大影響。這表明，儒家價值觀阻礙資本主義發展的觀點是站不住腳的。

同樣地，今天的中國也經歷了長期的經濟繁榮，儘管中國並非嚴格意義上的資本主義——中國五百大企業中有百分之七十是國有企業，並且國家財富的很大一部分歸政府支配。在孔子重新受到尊崇的時代所出現的經濟繁榮，再一次把韋伯的觀點釘上十字架。

隨著近年來經濟潮流的轉變，一些人將韋伯的看法完全翻轉過來。他們聲稱，雖然儒家排斥商人，認為他們一無是處，但它所提倡的以家庭為中心、集體主義的、合作的儒家生活方式，卻有助於促成某些高收益的商業活動。無論這種看法是對還是錯，有一點無疑是重要的，那就是共享「儒家」價值觀（不管它如何界定）的人們自然而然地傾向於彼此之間的商業合作。在中國的合資企業中，最大的外方投資者往往是一些包括台灣在內的鄰國企業。部分出於孔子的緣故，這些國家認為自身與中華人民共和國擁有同一種文化紐帶。

中國有本土的「民主」傳統嗎？

人們有時候會認為，中國的思想模式與威權主義甚為契合。因為儒家強調等級和服從，而法家則強調嚴厲的懲罰，似乎佐證了這個觀點。然而，中國的智識傳統分支眾多，其中的許多主張都帶有更強的民主色彩。

比如，道家鼓勵人們對社會等級關係持懷疑態度，並質疑上級是否比下屬優秀或與下屬不同。從現代選舉民主的角度來看，上述觀點遠非「民主」，但它卻提供了一個基礎，使人們可以挑戰而非被動接受一個社會內既定的權力關係。

此外，即便是儒家傳統內部也帶有一定的民主色彩，這涉及儒家的「天命」觀。它並非儒家獨有，但的確與儒家學說密切相關。這種觀點認為，「天命」是政治權威的基礎。皇帝是上天在人間的代表，而「天」是一種客觀的精神力量，它統治整個宇宙，就像皇帝統治天下。

根據這種觀點，「天」賦予了每個新的朝代一種「命」，即統治權，但這一統治權卻是可以撤銷的。如果皇帝沒能正確履行他的職責，上天就會將「命」收回，並賜予新的統治者。

孟子對「天命」的運行過程作了最詳盡的闡述。他認為，只有真正懷有惻隱之心、保護人民利益的統治者才有資格進行統治。這一主張與《論語》的觀點不謀而合，《論語》強調統治者對待人民要像「父親」般仁慈。孟子甚至認為，如果統治者不能仁慈地對待他的人民，那麼他就喪失了要求人們服從的權利。

在一篇著名對話中，孟子認為，統治者的統治是「天與之」，「天視自我民視，天聽自我民聽」。也就是說，如果人民對統治者非常不滿，上天便不會再保護他，並會支持人民建立新的朝代。在這種狀況下，反抗暴政不僅是可能的，而且具有道德正當性。

當然，這裡同樣沒有提到選舉。在西方和其他國家（如印度）生活的民眾往往將民主等同於選舉。但上述觀點依然是對民主情感的一種重要表達。

Democracy的漢語表達及其確切含義是什麼？

Democracy即漢語中的「民主」。與其他複合詞匯一樣，「民主」也由兩個獨立的漢字組成，「民」意為「人民」，「主」意為「統治」。

和起源於希臘語的Democracy（同樣由「人民」和「統治」兩個片語構成）一樣，漢語的「民主」可以作多種解讀。它可以理解為人民直接統治，也可以理解為一個由關注人民利益的統治者所領導的好政府。在中國的知識份子中間還長期存在另一種解讀，即沒有選舉的代議制民主。它主張，知識份子應積極向統治者建言，以使人民的利益得到尊重。

這種觀點與孔子對教育的重視不無關聯。自漢代以降，文官考試成為政府選拔官員的一個重要途徑。這種考試要求應試者精通儒家經典。在宋朝，科舉制得到了很大擴張。此後，該制度變得異常重要。事實上，皇帝並不會經常聽取知識份子的意見，但「知識份子為民請命」的觀念卻深入人心，一直流傳至今。

如果說儒學的復興代表著政府對儒家古老哲學的再度利用，以推進它在二十一世紀的使命，那麼持批判立場的知識份子同樣在利用儒家，只不過以另外一種方式而已。他們認為這個政權在道德上已經破產，並以人民的名義要求變革。無論是政權的擁護者還是反對者，都可以在枝蔓叢生的中國智識和政治傳統中，找到對自己有利的東西。

2 — Imperial China
帝制中國

中國早期的朝代主要有哪些？

中國歷史的標準劃分方法是以西元前二二一年為界。這一年，秦始皇統一六國，結束戰國割據局面，建立了秦帝國。在此之前，中國還存在過一系列王朝，統治範圍涵蓋黃河流域南北的一部分或全部。黃河流域是中國的中心地帶，許多朝代的都城都位於這一區域，一如今天的北京所處的位置。

中國最早的朝代是夏（西元前2070—前1600）。許多人對它的存在表示懷疑，因為幾乎沒有可靠的證據來證明這一點。第二個朝代是商（西元前1760？—前1122？），其官方儀式包括使用龜甲和獸骨進行占卜，部分甲骨已被挖掘出土。這些甲骨上面的文字與中國古代典籍上所用的文字有關聯，並最終成為現代中文的基礎。接著到來的朝代是周（西元前1046—前256）。孔子對周朝的早期讚美有加，認為那是一個完美的時代。這三個朝代的疆域均不及秦朝廣闊。[1]

秦朝被劉邦率領的反叛軍所推翻。劉邦建立了漢朝並成為開國皇帝。在漢朝，中國的疆域得到大大擴展，孔子學說也第一次成為官方意識形態的核心。漢朝與西方的羅馬帝國大致處於同一時期，它們在統治和對外擴張等許多方面也都很相似。

漢朝的史學家司馬遷（西元前145或135—前86）是中國第一位偉大的歷史記錄者，也是中國著名的編年史家，他對秦始皇的所作所為持批判態度。然而，漢朝基本上保留了秦始皇所創立的政治體制，包括與軍人治理有別的文官體系——秦朝的一個關鍵的創新。帶有諷刺意味的是，這種繼承方式中國歷史上一再出現。西方稱中國為「China」，這一定程度上源於「秦」。而中國最大民族漢族的稱謂則源於「漢」。根據官方的統計，百分之九十的中國人口都是漢族，這集中體現了漢朝在中國歷史上的重要性。

這些朝代是如何統治的？

在中國的帝制時代，皇帝處於特殊的地位，扮演著政治和宗教的雙重角色，發揮著溝通上天與俗世的儀式性功能，這是帝制中國長久以來的一個鮮明特徵。另一個特徵是，在政治運作中，發揮主要作用的不僅僅是皇帝，還包括他（或極個別狀況下她）的親屬。除個別狀況外，中國的皇帝幾乎都是男性。

中國的帝制不同於其他君主制的地方在於，繼承王位的並不必然是長子。結果，在統治者去世前後的短時期內，往往充斥著激烈的政治算計和爭奪。

此外，中國皇帝往往妻妾成群、子女眾多，因此王位繼承問題對許多人來說關係重大。皇帝或皇儲的近親和表親等一干人均能對朝政施加影響，尤其是當皇帝年幼的時候，近親往往被指定為攝政王，其影響力尤甚。

在統治家族之外，帝制中國裡最有權勢的當屬透過科舉擢升的文官或宦官。前者包括政府裡各部的負責人、各省的總督、以及地位至關重要的地方官員。與在整個帝國扮演雙重角色的皇帝類似，地方官員在地方層級的儀式、政治上發揮著同樣的作用。

在古代中國，皇宮的侍從都由宦官擔任，有生育能力的男子一律不得在皇宮居住。這種安排確保了皇室的秩序安定，並將圍繞繼承人的血統所可能引發的糾紛降至最低限度。理論上說，最高級官員的權力一定是遠大於宦官，但實際上，由於和皇帝及皇室之間的特殊關係，宦官常常權傾朝野。當論及中國歷史上皇室為人所詬病的腐化墮落時，人們往往會責備宦官。但我仍要指出的是，儘管有冒犯女性的嫌疑，事實上，許多帝國的衰落有時可以歸咎於後宮裡的女人——從年幼皇帝的母后，到年老的男性統治者寵信的富有心機的嬪妃——無情的幕後運作。2

什麼是「朝代循環」？

「朝代循環」是指，一個朝代應該週期性的讓位於另一個朝代。該觀念認為，一個王朝的創建者之所以能夠掌握權力，只是因為上天認為他們擁有德性，應行使統治之權，而無論他們是成功的叛亂者，還是入侵中原的異族軍隊的首領。然而，隨著時間的推移，他們的後代慢慢變得不再關心人民的需求，或者借用西方的話說，「權力使人腐化」。因而，上天便收回統治權，轉而賜予一個新的群體，於是政治秩序得以淨化。而這又開啟了新一輪的腐化墮落過程。

在古代中國，人們認為，政治世界類似於自然世界，兩者保持同步。因此，不尋常的自然現象，如自然災害，往往被賦予一種特殊的政治含義，可能預示著現任統治者不再受到上天的眷顧，或者新的統治者即將崛起。日食或月食也會被解讀為上天對人間之事的震怒。所以，統治者都急於知道這類事件何時會發生，以便及時作出恰當的解釋，以安撫民眾。

「朝代循環」論有怎樣的政治意涵？

相對於世襲君主制，朝代循環這樣的政治秩序被認為更加可取。在世襲制下，每一位新統治者都可以追溯到一位共同的祖先。比如，現任日本天皇據稱與該國歷史上第一位天皇有著血緣關係。

而根據朝代循環論，一旦爆發人民的叛亂或者國家遭到外族入侵，政府官員和部長們便面臨艱難的抉擇。因為他們的職位一般都是通過科舉考試獲得的，而非像歐洲貴族那樣世襲而來。他們必須對如下問題作出判斷：這個王朝是否喪失了「天命」？為了保護人民的利益，自己是否應該臨陣倒戈？

最後，朝代之間有著相當大的連續性，因為新朝代對前朝的制度往往加以保留。許多前朝官員也會進入新政府任職，並且往往受到新王朝的倚重。

所有的朝代都很相似嗎？

儘管有著上文所描述的連續性，朝代之間卻也有著顯著的不同。每一個朝代都有其獨特的歷史印記。一個基本的區別是，不同朝代所統轄的領土範圍有極大的差異。今天的中華人民共和國的地圖所標識的中國的領土範圍成形於清朝。這個朝代在一六四四年取得中國政權後，在數十年間進行了一系列的帝國領土擴張。

而一些有著顯著歷史意義的朝代所統轄的領土範圍，則比今日要小得多，比如宋朝（960–1279）。雖然宋朝的領土遠不及當前中華人民共和國版圖的一半，但在這一時期，不僅實現了科舉考試的制度化，而且出現了異常迅速的經濟發展，以至於部分學者認為宋朝乃是「現代」中國的歷史起點。

明朝（1368–1644）的領土範圍比宋朝廣闊，但明帝國的控制範圍不及於西藏和新疆。西藏是一塊遠離中國心臟地帶即黃河流域的西部高原，中華人民共和國主張西藏幾個世紀以來一直是中國的領土。新疆位於中國西北邊陲，它得名於清朝年間被併入中華帝國，意為「新的疆土」。

正如部分朝代的管轄面積小於今日的中國那樣，也有不少帝王統治過並不屬於中華人民共和國的領土。以越南為例，在二十世紀以前，越南曾一度是中華帝國的一部分。而在某些時期，中國皇帝的統治權僅及於越南的部分地區。

此外，透過一系列征服戰爭而掌握政權的朝代，他們的統治者可能替換掉或者修正前朝的制度。這一點在元朝（1271–1368）和清朝尤其如此。這兩朝的統治者在民族和文化上分別起源於中亞和東北亞的遊牧地區，來自位於中原地區以北、且農業發展遠遠滯後的蒙古和滿洲。

例如，在忽必烈大汗和元朝的其他皇帝統治時期，科舉考試被廢止了。而在清朝初年，滿洲皇帝在書寫文書時，有些文件使用滿文書寫，有些用漢文。

清朝官制實行的是雙軌制，一部分職位保留給滿人，其他職位則分配給漢族官員。當時居住在長城以南的大部分民眾都是漢族。清朝還維持著一支特殊的軍隊，即八旗軍，完全由滿人子弟構成。

帝制中國如何與外國互動？

中國大多數朝代所具有的一個共同特徵是，認為自己所統治的地方最具重要性。與其他帝國的統治者一樣，中國皇帝往往認為自己所轄的區域在周邊地區、乃至在全世界都是最重要的。也許是因為孔子學說所強調的等級差序，中國皇帝希望其他國家的君主對他表示服從，而作為回報，他會保護這些國家，並展現其慷慨仁慈的一面。

然而，不同的朝代——具體是不同的皇帝，它們與外部世界打交道的方式則不盡相同。相比較而言，部分統治者的對外心態更加開放，並介入到國際貿易和探索當中。例如，明朝統治者對來自歐洲的耶穌會會士（Jesuits）持歡迎態度，部分原因是西方的天文學成就有助於他們預測日食和月食的發生。另一位明朝皇帝明成祖朱棣，支持鄭和（1371–1433）完成了多次傳說中的航海探險。學者們並不認為鄭和「發現了美洲」（二〇〇三年的一本暢銷書持這種看法），但他率領的船隊最遠可能航行到了非洲。[3]

其他統治者則以懷疑的態度看待外部世界，並對國際交往施加更多的限制。他們確信，與外國人加強聯繫不但是多餘的，而且是危險的。

最引人注目的是，十八世紀晚期，清朝決定限制西方商人和傳教士進入中國。當時，中國與東南亞之間的貿易透過許多口岸進行得十分興盛，但熱衷於開拓新的市場以利貿易、新的人口以利傳教的西方人，只能夠停錨於中國政府規定的一個城市，即廣州。唯一的例外是葡萄牙人，他們在澳門有一個自己的據點。這個城市臨近廣州，之前作為殖民地割讓給了葡萄牙。

什麼是鴉片戰爭？

清朝禁止外國船隻進入中國的大部分港口，這一政策引起了西方人的不滿。無論是在早期還是晚近，西方人一直夢想著進入中國的腹地，找到龐大的商品消費者和他們宗教的信眾。但清朝宣稱，中國是一個自給自足的帝國，有能力生產民眾所需的一切物品，而西方不能提供什麼特別有價值的東西。對這一點，西方人並不認同。

在十九世紀初，隨著英國對中國茶葉的需求（實際上是依賴）不斷提高，西方商人和傳教士對中國的不滿也日益增加。由於歐州和美國的貿易商無法提供中國所需的任何高品質的商品，因此中國的貿易順差日益擴大，致使大量的白銀由西方國家流入清帝國。

為了扭轉這一局面，英國商人利用印度出產高品質罌粟的有利條件，開始向中國銷售鴉片，印度當時已成為英國的殖民地。美國商人緊隨其後，他們的罌粟往往產自土耳其。這些貿易商希望中國人對鴉片上癮，正如倫敦人酷愛茶葉那樣。

清政府出台嚴格的法律限制鴉片的買賣。但外國商人的策略生了效，貿易順差的天平開始向西方國家傾斜。在限制貿易的前提下，西方商人總是找到新的辦法把鴉片運送到中國，例如在許多狀況下借助於中國境內的走私者。其結果是：中國的鴉片需求量持續上升，尤其是在廣州附近地區。

雙方關係逐步變得緊張起來，每一方都認為自己師出有名。西方人堅稱，自由貿易是上帝賦予的權利，但卻遭到了清政府的野蠻剝奪。他們認為，如果清政府允許西方商人自由進出中國港口，他們就會尋找到其他商品市場，而非鴉片貿易。與此同時，清朝官員譴責西方人蔑視中國地方法律，行徑卑劣，向中國出口鴉片這種危險品。

一八三九年，戰爭爆發。清朝軍隊很快遭遇了一連串的軍事挫敗。為了阻止西方的戰艦挺進北京，清政府簽署了一個對外國人更優惠的條約（編註：

即南京條約，中國視為第一個不平等條約，不平等條約的概念並非清人的概念，而是國民黨在一九二〇年代首次使用，並由中共承襲）。

鴉片戰爭產生了什麼影響？

對清王朝而言，鴉片戰爭的影響是災難性的：經濟上，造成了巨大損失；政治上，某些人開始質疑清王朝是否氣數將盡；心理上，這場戰爭打破了中國人長久以來持有的「中國是世界上最先進、最強大的國家」這一信念。[4]

依據雙方簽訂的充滿敵意的《南京條約》，英國取得了對香港的部分控制權。香港成為英國的直轄殖民地（Crown colony），後來改為英屬領地（British-dependent territory），直至一九九七年才返回至中國手中（英國人歷時數十年才完全控制香港，它對香港的控制經歷了幾個階段，於一八九八年才達成）。同時，條約還規定，英國商人和傳教士有權在包括上海在內的幾個沿海城市（即「通商口岸」）定居並實行自治。此後，法國、美國和日本先後透過武力或以武力相威脅，確保這些特權也可以延伸適用於本國國民。

清王朝為何垮台？

一九七〇年代以前，學者們往往認為，清王朝在鴉片戰爭之前的統治堅若磐石。清朝統治的前兩個世紀的歷史很大程度上彰顯著勝利和輝煌，皇帝們堅強有力、長期執政，一度將帝國的疆域拓展至廣袤的中亞地區。根據這種事，十九世紀中期與西方的衝突預示著清朝開始由盛而衰，逐步走向終結。然而，現在的歷史學家則有不同的看法。他們認為，壓垮清朝統治的不僅僅限於外來因素，還有其他方面的原因。

何種內部發展削弱了清帝國？

制約清朝統治的因素之一是人口：十八世紀後期至十九世紀中期，中國人口出現了爆炸式增長，在一個世紀的時間內，至少增加了一倍（也許三倍、四倍）。要養活如此之多的人口，清朝面臨著巨大壓力。

與此同時，地方官員的數量卻沒有相應增加，這又帶來了一系列問題。這意味著，到一八三〇年，地方官員除了肩負聽訟斷獄、徵糧納稅、主持地方祭典等繁重任務外，還要管理比以往多得多的人口。

農民反叛的意義是什麼？

清朝同樣面臨著人民叛亂的問題。其形式多種多樣，從海盜、土匪，到帶有宗教色彩的反叛，後者往往由「先知」率領，號召信徒們揭竿而起。其中值得注意的一次叛亂是一八一三年由八卦教領導的，雖然很快被鎮壓下去，但卻導致了七萬人的死亡。另一次發生在一八二〇和一八三〇年代，是由中亞首領張格爾(Jahangir)發起的一場聖戰，試圖使新疆脫離清帝國的控制。[5]

撼動整個中國腹地的白蓮教叛亂尤為重要，它發生在一七九六至一八〇四年間。這次反叛與彌勒教相關。彌勒教是印度佛教的一個分支，尤為流行於中國的部分地區和東南亞。白蓮教反叛帶有千禧運動的(Millenarian)色彩，也就是說，白蓮教的信徒們相信，一個全新的時代即將到來，只有對教義篤信不疑的人才能在這種新秩序中安身立命。中國的佛教領袖常常反對公然叛亂，鼓勵信徒們默默忍耐，等待變革的到來。但在某些狀況下，如發生乾旱或洪水這樣的自然災害，或者賦稅過重、民眾苦不堪言的時候，他們會號召信徒直接採取行動，而這種號召往往會一呼百應。[6]

白蓮教叛亂便是一個典型的例子。它發端於貧困山區的抗稅運動，後來受到經濟上陷於絕境的人們的熱烈響應。另一個強有力的因素是排滿情緒和大漢族主義——其主張是，中國的統治權應該重新回到漢人手中。對部分叛亂者而言，一個主要的誘惑是「復明」，即被清朝顛覆的一個漢族政權。

清朝鎮壓了這次叛亂，卻付出了慘重代價。根據一位研究中國宗教運動的著名歷史學家的觀點，鎮壓所耗費的軍費「大約相當於清朝五年的財政收入（兩億兩白銀）」，並且清軍在戰鬥中屢屢受挫，「八旗軍戰無不勝」的神話被打破。[7] 到鴉片戰爭爆發時，一系列重大挑戰已經使清王朝暈頭轉向。它既要應對人民抗爭這樣的傳統威脅，還要應對新出現的問題。

什麼是太平天國叛亂？

太平天國叛亂是同樣具有千禧運動性質的、波及範圍甚廣的一次反叛。

它或許是十九世紀最重大的歷史事件，但在西方仍不太為人所知。

在整個一八四〇年代至一八九〇年代，清王朝被迫面對著幾乎不間斷的國內叛亂和其他朝代所無的國際衝突，而疲於應付。而破壞性最大的當數太平天國(1848-1864)。它規模巨大、且異常血腥，所導致的死亡人數遠遠超過了同一時期的美國內戰。

這場運動的領導者是洪秀全。他是個在科舉考試中屢試不第的讀書人，精神倍受打擊，一度出現幻覺，認為自己肩負著上帝的旨意和安排。這可能與數年前他讀過的一本基督教宣傳冊有關。他確信自己是耶穌基督的弟弟，奉命將滿洲人驅逐出中國，並將中國變成一個信仰基督教的樂土。他認為滿洲人是惡魔，是一個野蠻的種族。在外國人看來，洪秀全對基督教教義的解讀太過離奇，雖然他最初贏得了部分西方國家的支援，但最終國際勢力與清政府聯合起來對抗他。

在反叛運動的全盛時期，對孔子持強烈批判態度的洪秀全(科舉受挫後，他對這位中國聖賢沒有一絲好感)統治著大約相當於法國大小的區域。他的舉止在許多方面都像一位開國皇帝，甚至建立了一套獨特的科舉制度——新奇之處在於，應試者要精通他對聖經教義的古怪解讀，而非熟讀儒家經典及其權威評注，而後者正是清朝官方科舉考試的主要內容。

為何中日甲午戰爭如此重要？

一八四二年之後，清朝與歐洲列強又進行了數次戰爭，其中包括一八六〇年結束的第二次鴉片戰爭，這次戰爭中，英法聯軍燒毀了清朝精心打造的皇家園林圓明園。但十九世紀後半葉，最重要的中外衝突當數一八九四年至一八九五年發生的中日甲午戰爭，這次戰爭爭奪的焦點是對朝鮮的控制權，以清朝的再次失敗而告終。如果說鴉片戰爭打破了「清朝是世界上最強大的帝國」這一信念的話，那麼中日甲午戰爭則進一步表明，清朝在東亞地區也喪失了主導地位。

在這次失敗的刺激下，部分知識份子要求清政府廣泛採納西方的各種適合中國的思想和制度，而這些已被證明提升了日本的國力。這些呼籲贏得了致力於改革的光緒皇帝的支持，其結果便是一八九八年的「百日維新」，這是一次大膽而短命的嘗試，試圖重塑中國的政治和教育制度。然而，朝廷中的保守派進行反擊，光緒皇帝被軟禁。但維新者所建立的一些制度仍保留下來，如京師大學堂，它是今天中國最知名的學校北京大學的前身。

保守派不僅包括統治家族的成員，還包括一些死硬的儒家學者（儘管有些維新者富有創造性地提出，如果孔子在世，也會讚同他們的革新）。他們認為，也許西方和日本有著更強大的軍隊，但中國的制度無疑更加優越，因為它們根植於更加高明的價值觀。

什麼是拳匪之亂？

國外對拳匪之亂（Boxer Rebellion，1899–1901）有很多誤解。它發端於中國北部，最初是一部分義和拳拳民攻擊中國基督徒和外國傳教士。到一九〇〇年夏，拳匪運動達到一個新的階段，當時叛亂者將居住在北京的西方人和日本人綁架為人質，長達五十五天。清政府在義和拳問題上舉棋不定，不知是將他們視為匪徒加以鎮壓，還是視為朝廷的支持者進行嘉獎。隨後，八國聯軍佔領北京，解除了對人質的圍困。

隨著外國軍隊隨後展開的報復行動，以及清朝的統治家族逃離北京，這場危機一直持續到一九〇一年。之後，清政府經過短暫流亡，回到了北京，並於當年九月份與西方國家簽訂了《辛醜合約》。該條約規定，清政府須向各國支付巨額賠款，以賠償其國民的人身和財產損失，而中國在八國聯軍入侵期間所遭到的損失則不予賠償。

《辛醜合約》的另一個關鍵之處是，繼續認可清朝統治的正當性。外國列強斷定，儘管他們對清政府有滿腹抱怨，但支持這個腐朽的政權繼續統治中國仍是他們的不二之選。結果，作為危機解決方案的一部分，中外雙方一致同意，將義和拳描述為反對朝廷的「叛亂者」，而非忠於朝廷、獲得官方支持的忠貞義士。

這場危機如何遭到誤解？

西方對「拳匪之亂」的誤解始於一個具有誤導性的術語的採用。事實上，它並非「叛亂」（rebellion），因為暴民一直都在表達他們支持清政府的訴求。誘發叛亂的因素也不是對清王朝的不滿，而是出於將基督教從中國趕出去的願望。拳民們相信，正是基督教導致了中國近期不斷降臨的災禍，包括當時導致饑荒遍野的乾旱。另一個引起誤解的看法是，義和拳所殺害的都是外國人。而事實上，絕大多數遇難者都是中國基督徒。

此外，拳匪之亂的參與者並不依賴拳頭。「拳民」（Boxer）一詞最初來源於英文媒體，原因是參加暴亂的群體使用了武術中的格鬥技能，他們聲稱，只要把武術訓練和儀式正確地結合起來，就可以使自己刀槍不入，從而打敗裝備精良的西方軍隊。然而，在拳匪之亂高漲時期，義和拳有時也會使用武器，當時的木版畫便描繪了雙方之間激烈的戰鬥場面。

中國對拳亂有何不同的評價？

在西方和日本，關於拳匪之亂的敘述呈現為「義和拳」這個暴力群體的興亡史，重點關注的是拳民的迷信，比如，他們認為自己可以刀槍不入；比如，他們主張，為了安撫地方神靈，應該拆除鐵路等。

中國的情形則相反。雖然人們有時也會批評義和拳的暴力和迷信，但他們重點關注的卻是這場危機的其他方面，如導致暴亂發生的人們的不滿情緒。這些不滿源於一系列不公正，如外國勢力幾十年來向中國領土的擴張，如「八國聯軍入侵」所犯下的暴行，包括掠奪走中國的國寶，以及殺害數千中國民眾等。在中國當前的歷史　事中，《辛醜合約》被描述為外國列強逼迫中國簽訂的一系列屈辱的、不公正的單方協議之一。

瞭解中外對拳亂的不同評價為何重要？

在中國與外國的交往過程中，拳匪之亂的幽靈一直縈繞不散。只要中國和其他國家發生摩擦，人們普遍都會提到一九〇〇年的拳匪事件。但由於對義和拳有不同的看法，人們往往又會得出不同的結論。

舉一個恰當的例子。一九九九年五月，北約飛彈擊中了中國駐南斯拉夫大使館，三名中國公民遇難。隨後，中國抗議者走上街頭，粗暴地向英國和美國在北京的大使館投擲物品，並宣稱北約對中國大使館的轟炸是故意的。這一幕，被一些西方媒體描繪為仇視外國的拳匪主義（Boxerism）。這些報導聲稱，中國的行為再一次失去了理性，因為北約轟炸中國大使館的確是一個誤會。

然而，一些中國人則以截然不同的方式援引一九〇〇年的歷史。他們聲稱，這次轟炸表明，西方國家再一次決定擠壓中國。北約的部分成員國（如英、美、法等）同時也是一九〇〇年和一九〇一年入侵中國的「八國聯軍」的成員。可見，這一事實進一步強化了這種對拳匪之亂的不同解讀。

清帝國統治如何落下帷幕？

拳亂危機發生後，清王朝試圖最後一搏，推行激進的改革，以避免滅亡的命運。在許多人看來，這些改革遠遠不夠且為時已晚。這個王朝於一九一一年滅亡，推翻它的是一連串鬆散的叛亂和帝國軍隊的兵變。隨之而來的是最後一位清帝的遜位和中華民國的建立，後者至今仍在台灣延續，儘管偏居一隅。中華民國的第一任總統是孫中山（1866–1925），他於一九一二年一月一日宣誓就職。

孫中山的就職儀式參照了某位西方政治領袖。他努力使西方列強國家相信，中國將會廢除一切與帝制有關的東西。然而，孫中山依然參加帶有帝制色彩的儀式，並迎合漢族反滿的民族主義情緒（最遲自白蓮教叛亂以來，反滿情緒一直是清朝所面臨的一大挑戰）。比如，他曾拜謁明朝皇帝的陵墓，這一行為使辛亥革命帶有某種程度的雪恥色彩（一雪遭北方異族入侵之恥），而非開創中國歷史的全新嘗試。[8]

中共政權是一個新朝代嗎？

哈里森．索爾茲伯里（Harrison Salisbury）關於中國的暢銷書定名為《新皇帝們：毛和鄧時代的中國》（The New Emperors: China in the Era of Mao and Deng），其暗含的意思是，建立中華人民共和國的一九四九年革命與建立中華民國的一九一一年革命是類似的，都可以視為新一輪的「朝代循環」。[9] 其他西方作家也使用帝制隱喻來說明毛的為政之道和深居簡出。就像一位中國古代帝王一樣，毛也被視為神一般的政治人物。並且，中共高層內部的運作，甚至他們的日常生活，都被層層掩蓋——一切都隱沒在距離故宮不遠的戒備森嚴的中南海之中。

此外，在中國國內，也有對現任政權的批評者使用類似的隱喻質疑那些革命的代表人物，稱共產革命完全割斷了與歷史中國的聯結。比如，一九八九年天安門事件期間，抗議者常常用「皇帝」一詞來描述鄧小平的行為。當時有一張大字報，將鄧刻畫為現代慈禧。慈禧（1839–1908）是清朝同治皇帝的母親、光緒皇帝的伯母，在大半生時間內，她一直是中國事實上的統治者（將鄧比作慈禧，其依據是，儘管鄧在一九八九年是中國最高領導人，但他卻沒有擔任任何正式職務，如黨的總書記、國家主席或總理）。另外，帶有嘲弄色彩的「太子黨」一詞常用來指稱中共高層的子女，許多民眾認為他們享有不公平的優勢，過著特權生活。[10] 薄熙來也許是其中最著名的、或許也是最聲名狼藉的一位。他是一位富有魅力的政客，在擔任重慶市委書記期間贏得了廣泛的支持。然而，在二〇一二年初，他因一樁謀殺醜聞和大規模腐敗指控而遭到整肅。

此類帝制隱喻有其自身的價值，它凸顯了這樣一個事實：當前的中國仍被歷史上一再出現的政治問題所困擾，包括私人關係或某些狀況下的家庭關係所誘發的高層腐敗。然而，帝制隱喻不宜過多使用，也不能過於當真。在中華民國，蔣介石的繼任者是其子蔣經國。同樣的情形還發生在美國，來自布希家族的兩位成員便間隔不遠地分別擔任過美國總統。而在中國，沒有哪兩位最高領導人之間存在血緣關係。並且至少從毛時代至今，中共統治一直都帶有寡頭政治的色彩，由一個統治集團（其成員之間沒有血緣關係）共用權力，這有別於中國歷史上的任何一個朝代。

不僅如此，帝制隱喻還從許多方面模糊了中國現在與過去的界限。中華人民共和國正在經歷的變化是如此迅速，任何認為其歷史只會一再重演的觀點都只會帶來更多的害處，而不是好處。

然而，朝代循環和天命觀作為一種觀念，仍值得牢記。正如下面的章節所顯示的，中共領導人所擔憂的某些事情——如民間宗教的謠言、以及對自然災害的解讀——仍與古代皇帝據以判斷自身天命長短的那些擔憂極為相似。

3 — Revolutions and Revolutionaries
革命和革命者

孫中山是何許人也？

孫中山被譽為中華民國的國父。在一些小學課本中，他一直被當作中國的華盛頓。孫中山享有一種罕見的聲望，被海峽兩岸同時尊為英雄。在中華人民共和國，有些街道以他來命名；在一些特殊場合，他的畫像被掛在天安門廣場的顯要位置。而在中華民國這邊，至少在千禧年前後國民黨被迫與其他黨派分享權力之前，他的畫像在每一個重大政治場合都處於中央位置。孫中山的這種特殊聲望，可能與他在推翻滿清過程中所發揮的作用有關，也可能是因為他不僅創建了國民黨，還促成了第一次國共合作（1924–1927）。

孫中山在中國革命的歷史上的地位獨一無二。那些被中共視為英雄的人通常在台灣被視為惡棍，反之亦然。但只有孫中山得到了國共兩黨的同時認可。他的獨特性還在於他所秉持的折衷主義的意識形態，既包含強烈的民族主義，又融合了世界主義的眼光，對許多外國政治信條都持開放態度。[1]

青年時期的孫中山曾在香港學醫，交遊甚廣。在這期間，他逐漸形成了改革的主張，並試圖引起思想開明的清朝官員的注意，但他沒有成功。一八九〇年代，他開始與祕密會社合作，並策劃暴動反清，逐漸由一位改革者轉變為革命者。一九〇五年，他在日本創立了國民黨的前身——同盟會。

雖然孫中山後來被認為是一九一一年辛亥革命的「領導者」，但實際情況是，當年十月份兵變和暴動發生之時，他正在美國為其政治冒險行動籌款。儘管如此，他所屬的組織卻參加了這次劇變。得知消息後，他迅即回國，在中國由帝制向共和的轉型中扮演了關鍵角色。

就任總統後，他為何被袁世凱擠下台？

孫中山的總統任期是短暫的。在不到一年的時間內，他便被袁世凱（1859–1916）擠下了台。袁是一位前清官員、軍隊統帥，一九一一年革命爆發後，開始擁護革命。一九一二年，袁世凱要求就任中華民國總統，並堅持認為，只有這樣，他才會繼續支持共和制的新秩序。孫中山沒有自己的軍隊，只好讓位。之後他立即著手建立自己的權力基礎，以期待重新收回國家的領導權。

但他重掌中國政權的願望再也沒有實現。直到一九二五年他去世之前，統治中國的依然是一個又一個的軍事強人（軍閥）。不過，他所創建的國民黨在繼任者蔣介石的領導下統一了中國，並在中國大陸維持了二十多年的統治，後來又在台灣延續了半個世紀。

什麼是「北洋軍閥時期」？

袁世凱奪取了權力之後，中國便進入了長達十五年的軍閥割據時代，一個又一個軍事強人粉墨登場，先後擔任中華民國總統。然而事實上，他們從未完全控制住中國，而只是與分佈各地的強勢軍閥分享統治權。

大大小小的軍閥紛紛擁兵自重，割據一方。包括袁世凱在內的部分軍閥都夢想有朝一日登基稱帝，建立新的王朝。儘管他們試圖恢復帝制的努力全都歸於失敗，但從政治角度而言，這種向清朝末年統治的回歸無疑是一種倒退，只不過是在官職稱謂等外在形式上還帶有那麼一點共和色彩罷了。[2]

什麼是五四運動？

軍閥們拋棄辛亥革命遺產的行為並非沒有遭到挑戰。孫中山對同盟會進行了改組，更其名為國民黨，並在廣州建立了軍事基地，希望重新取得國家的統治權。與此同時，知識份子則強烈呼籲結束軍閥統治，並且放眼海外——日本、俄國和西方，希望借鑑其他國家的理念和戰略，以有助於中國革命步入正確軌道。

在北京和上海，激進的教師和學生們熱情尤其高漲。他們不僅從學術上進行探索，如譯介海外的思想理論、文學作品，嘗試新的寫作形式，還積極投入政治動員。當時，外國強權（尤其是日本）要求擴大在中國的勢力範圍和經濟活動，北洋軍閥接受了這些要求。對此，學生和年輕的教授們發起了一系列集體抗議，其中最重要的是反對軍閥和帝國主義的五四運動。

這場政治抗爭，與之前批判儒家的新文化運動有關聯，是真正改變了中國的大事件。它得名於一九一九年五月四日，被中國在一戰後召開的巴黎和會上所受到的不公正對待所觸動，激憤的人們走上街頭抗議，其所匯集之地就是後來的天安門廣場。

協約國作為戰勝國，在巴黎和會上主張，戰後所有國家有權決定自身命運，帝國時代隨著德國的戰敗而走向終結。由於中國加入了協約國一方（儘管遲遲才加入），德國之前所侵佔的山東半島似乎理應歸還北京的統治者。然而，在會議所達成的《凡爾賽和約》中，這些領土卻被移交給了日本。尤其令中國學生感到憤怒的是，對於這樣的決定，北洋政府竟然不作任何反對甚或抗爭。

一九一九年五月四日，群情激憤的北京學生湧上街頭，要求歸還山東半島，並罷免學生們認為腐敗和親日的三名官員，他們是交通總長曹汝霖、幣制局總裁陸宗輿、以及駐日公使章宗祥。遊行隊伍燒毀了曹汝霖的住宅，之後部分學生被逮捕，並遭到毆打，一名學生後來死於傷口感染。部分出於尊重知識份子的古老傳統，中國各個城市裡不同社會階層的成員均加入了抗議。

五四運動在六月初的上海達到了高潮。這座城市發起了總罷工，迫使中國這個主要的金融和商業中心陷入癱瘓。這場運動實現了其大部分目標，被人們譽為一場成功的抗爭。

最終，《凡爾賽和約》被原封不動地加以執行。但是當初被捕的抗議學生全部獲釋，三位原遭到學生痛恨的官員被免職，出席巴黎和會的中國代表團則拒絕在和約上簽字。[3]

五四時期最重要的激進派作家是誰？

許多作家都投身於這個各種思潮風雲激蕩的時代，但其中文學遺產最豐富、影響力最大的莫過於魯迅。他大概也是二十世紀初期最重要的作家。雖然經常有新的譯本面世，但他的作品在西方仍不大為人所知。[4] 魯迅的重要地位也許部分源於他寫作的廣度和力度。他是一位有著很高造詣的雜文家和短篇小說家，其作品包括激烈地批判儒家禮教的寓言小說《狂人日記》（描述了「吃人的」中國傳統價值觀），以及《阿Q正傳》。後者諷刺了一九一一年的辛亥革命：這場革命聲稱可以改變一切，但實際上除了欺壓民眾的地方官員的官職名稱外，其他一切都沒有改變。

魯迅不同尋常的重要性還在於，他的作品深刻地改變了中國的政治詞彙，形成了許多新的術語，如「阿Q精神」。這一詞彙來自魯迅小說《阿Q正傳》的主人公阿Q。當面臨失敗和屈辱時，阿Q往往透過虛假的壯舉來自我安慰，在精神層面轉敗為勝。

因此，如果忽略了魯迅，你將很難理解中國的一些政治爭論。儘管多年來，人們已經將魯迅與許多西方作家相提並論，比如稱他為中國的果戈里（這位作家給了魯迅許多靈感）或中國的尼采（有人稱魯迅為「溫柔的中國尼采」），但與他最相像的還是喬治·歐威爾（George Orwell）。如果不熟悉歐威爾，那麼在閱讀英文社論時，面對不時出現的「老大哥」（Big Brother）、「新語」（Newspeak）等詞，你將會不知所云。這些詞語出自歐威爾的代表作《1984》。同樣地，如果不知道阿Q是誰，或者不知道「吃人的禮教」是什麼意思，你將無法理解中國政治爭論的一些微妙之處。

魯迅之所以重要，還有最後一個原因。雖然在其大半生時間內，他都堅定地奉行無黨派立場，獨立於教條性的右派和左派之外。但在去世前的幾年間，他傾向於支持中共，儘管他從未加入這個組織。這使得毛澤東在中國國內將他提升至革命聖徒的地位。但是，正如毛本人所承認的，如果魯迅活到一九四九年之後，他很可能最終會與中共政權交惡。然而，正因為魯迅去世較早，這一幕變得無從發生，中共便可以肆無忌憚地利用他。一九五〇年至一九七〇年，魯迅的著作曾一度是中國唯一可以公開發行並自由閱讀的來自二十世紀上半葉的小說作品。[5]

在這裡，魯迅與歐威爾的另一個相似之處（儘管有些扭曲）同樣值得關注。終其一生，歐威爾都對各種偽善的主義（isms）極盡挖苦之能事。然而去世之後，他卻常常被當作一個單向度的代言人，被認為代表著持反共立場的冷戰右派。

中共如何看待五四時期？

魯迅絕不是唯一一個在中國受到推崇的五四時期的人物，原因是，許多中共革命未來的領導人，包括毛澤東在內，都與一九一九年的那場抗爭有關聯。事實上，在奪取中國政權後，中共就把五四運動變成了一個全國性節日——五四青年節，以紀念青年人的愛國主義。之所以如此是因為中共認為，五四運動為中共的建立（1921年）鋪平了道路。

的確如此。一九一九年的大眾抗爭使許多青年人得到啟蒙，相信集體行動（Collective Action）有助於革命返回正確的軌道，而這對中共的建立至關重要。對中共的建立同樣重要的還有一九一七年俄國革命的爆發。新文化運動的主流刊物《新青年》歡呼俄國革命的到來，認為它開創了人類歷史的新紀元。俄國革命在中國迅速燃起了人們對馬克思主義的興趣，而在此之前，中國的激進派更多地被無政府主義的觀點所吸引。

關於中共何時成立，人們仍有分歧。一種觀點認為，中共誕生於一九二〇年，因為這一年召開了一系列重要會議，參會者日後成為中共的領導人。另一種觀點認為是一九二一年，這是中國官方的看法。無論成立於何時，在中共早期發揮中心作用的都是思想激進的知識份子，如李大釗（1888–1927）和陳獨秀（1879–1942）。前者是《新青年》的創辦者、影響廣泛的《布爾什維克主義的勝利》一文的作者。後者是毛澤東的老師，指導了一九一九年的五四學生遊行。在中共早期成員中，參加過五四運動的除了毛澤東之外，還有周恩來（1898–1976）和他的妻子鄧穎超（1904–1992）。鄧穎超的國際知名度遠遜於其丈夫周恩來，但在中華人民共和國國內卻是一位持續數十年擁有影響力的人物。

俄國革命的示範為何如此重要？

俄國革命之所以對中國的活躍分子具有如此重要的啟發，不僅因為它所宣導的社會平等理念富有吸引力，還因為這場革命發生在尚未工業化因此被視為落後的俄國。五四運動的一代人不僅批評儒家的等級觀念，同時也熱切地希望自己的國家重新贏得過去的強國地位。俄國似乎找到了這方面的祕訣，可以對內幫助國家完成重建，對外提高國際地位。[6]

什麼是第一次國共合作？

中共在建立初期對中國政治沒有什麼影響力，這種局面一直持續到孫中山邀請中共加入國民黨，組成「統一戰線」，對內共同剷除軍閥統治，對外反抗外國的侵占。這是因為孫中山同樣受到俄國革命的啟發，莫斯科對西方帝國主義的批判和列寧的觀點吸引了他的注意。列寧認為，一個紀律嚴明的先鋒政黨對於推動國家發展是不可或缺的。羽翼未豐的中共欣然接受了孫的邀請。部分中共黨員，包括年輕的毛澤東在內，曾經一度既是中共黨員，又是國民黨黨員。

雙方的這次合作從一九二四年持續至一九二七年，史稱「第一次國共合作」，以區別於第二次國共合作。伴隨著國共合作的達成，上海爆發了一次大規模的群眾運動，史稱五卅運動。當時，日本紗廠的中國工人舉行示威，抗議廠方對工人的虐待。以英國為首的租界當局出動員警，向示威者開槍。這成為五卅運動的導火索。這場運動被一些人視為五四運動的延續。

五卅運動為何重要？

這場反對帝國主義的運動，與五四運動一樣，也迅速從上海這個單一城市的抗爭蔓延到中國其他城市。其高潮是上海爆發了全面罷工，並癱瘓了整個城市。與五四運動不同的是，這次運動抗議者的目標——外國工廠裡的中國工人有權利組織工會，並將所有外國人控制的通商口岸的租界地歸還給中國——並沒有實現。儘管如此，透過運動期間的宣傳和動員，許多人都加入了國民黨和共產黨，從而使中共首次成為一支不容忽視的政治力量。[7] 這些新的發展為終結軍閥統治的北伐鋪平了道路。

什麼是北伐？

北伐始於一九二六年，以孫中山的大本營廣東省為起點。國共兩黨組建的北伐軍在蔣介石的率領下，一路北上，向北京挺進。從一九二六年開始，北伐軍與地方軍閥展開了一系列戰役，並取得勝利。

一九二七年，北伐軍輕而易舉地佔領了上海的非租界區域（外國人控制的租界通常只占口岸城市的一小部分）。這要歸功於中共之前在上海發起的一系列工人武裝反叛，這些反叛為蔣介石軍隊的到來奠定了基礎。

之後，蔣介石佔領了距上海不遠的南京（意為「南方首都」，之前曾是許多朝代的都城），並定都於此。一九二五年三月孫中山去世後，蔣介石繼任國民黨最高領袖。一九二八年，蔣介石的軍隊佔領北京（意為「北方首都」），更名為「北平」，以表明中國的政治中心仍然在南方。[8]

蔣介石是何許人也？

人們對蔣介石往往以「委員長」相稱，一是因為他是北伐軍的統帥，二是出於他的軍人背景和儀態舉止。蔣介石是謎一般的人物，在投身於革命前，他曾參加過祕密幫會，與上海勢力強大的青幫關係密切，並在日本接受過軍事訓練。

藉著共同的革命活動，蔣介石與孫中山建立起密切的私人關係。尤其是在蔣介石與宋美齡（1898–2003）結婚後，他們的關係更加不同尋常。宋美齡是孫中山遺孀宋慶齡（1893–1981）的妹妹，也是一位接受過美式教育的基督徒。而宋慶齡雖然從未正式加入共產黨，但一九四九年之後一直留在大陸，並擔任官方職務。

除了具備軍事才能外，這位委員長還非常善於在不同派系間合縱連橫，遊刃有餘地駕馭國民黨內部的派系政治。當時不同派系之間的爭鬥錯綜複雜，因為許多人都認為自己有資格成為孫中山的繼承人。

孫中山確信，國共合作對中國的革命事業最為有利。蔣介石是否也曾這麼認為，我們不得而知。但可以確定的是，到一九二六年底，蔣介石認為國共合作是一個錯誤。一九二七年四月，在青幫的協助下，他在上海發動了對中共的殘酷清洗，監禁並殺害了許多中共黨員，其中便包括將上海的非租界區域拱手讓給北伐軍的那些人。

從那時直至一九七五年去世，蔣介石始終認為中共是對中國未來的一大威脅。然而蔣介石因局勢所困，被迫與中共再次合作，即第二次國共合作（1937–1945），那是一九三六年，蔣介石在西安被扣為人質，被迫接受軍閥張學良等人的安排；後者認為拯救中國的唯一途徑是國共聯手抗日，史稱西安事變。但蔣介石的反共立場發自肺腑且一以貫之。他一直認為，用他自己的話說，日本人僅僅是「皮膚之疾」，而共產黨人卻是「心腹之患」——也就是說，後者會從根本上嚴重威脅到中華民族的生存。

什麼是長征？長征對毛的意義是什麼？

蔣介石一九二七年發動的「白色恐怖」清洗幾乎成功地剷除了共產黨。然而事實證明，共產黨不可能被徹底根除。

一些中共成員逃過了搜捕，並在國民黨控制的城市裡從事地下活動；另一些人則逃離開城市，流亡到共產黨在農村的根據地。一九三〇年代初期，蔣介石多次圍剿這些農村根據地，試圖消滅中共殘部。為了避免滅亡的命運，中共被迫放棄它在江西的臨時總部，開始向中國北方展開艱難的長途跋涉，這就是長征。

經過一九三四年至一九三五的長征（譯注：中共完整的長征是從一九三四年十月至一九三六年十月，作者此處所指的是紅軍第一方面軍即中央紅軍的長征，從一九三四年十月至一九三五年十月），中共最終在陝西建立了新的根據地，其中最著名的據點是延安。在陝西，中共開始嘗試新的政策，如大力推行土地改革，沒收地主的土地，並重新分配給農民，此舉最終贏得了許多貧窮的底層中國人的擁護，並給某些西方的觀察者留下了深刻印象，最著名的當數美國記者愛德加·斯諾（Edgar Snow）。[9]在中國的官方敘事中，長征恢弘壯麗，具有史詩般的重要性。如此敘述的原因顯而易見。我們不妨想像一下當時的情形。一支零散的遊擊隊伍，既要面對裝備精良的國民黨軍隊的圍追堵截，還要穿過危險重重的複雜地理環境，前往六千英里之外的目的地，其成功的概率簡直微乎其微。總共有八萬六千人參加了長征，在一年多的時間裡他們行進了六千英里，穿越了十八座山脈和二十四條河流。最後，八萬六千人中，僅有八千人倖存。[10]

如果長征失敗了，那麼中共在中國政治和歷史上的角色也將止步於此。然而，長征還有另一個重要後果：正是在這種中國版的「出埃及記」期間，毛鞏固了他在中共黨內的最高地位。這一定程度上源於他在遊擊戰上的遠見。在與國民黨作戰時，遊擊戰被當作最佳戰術採用。儘管在一九四〇年代的整風運動中以及中共政權建立後，毛與一些共同經歷過長征的戰友或反目成仇、或公開決裂，但一九三〇年代之後，毛最親密的盟友仍是與他共同走過長征的人。如果一個中共領導人在一九三〇和一九四〇年代不是在延安這樣的「紅色」根據地，而是在國民黨控制的「白區」從事地下工作，因此遠離毛的直接影響、並最可能被毛所謂的「資產階級」生活方式所誘惑並墮落，那麼一九四九年之後，他們將很難逃過政治不純潔的指控。尤其是，他們更有可能被稱為「走資派」，遭到忠於毛的紅衛兵的毆打，接受公開批鬥，並在文化大革命期間繼續遭受折磨——關於文革，下文將有更多論述。[11]

什麼是南京大屠殺？

始於一九三一年佔領了滿洲部分土地的日本侵華戰爭，這段歷史在中國至今仍是一段痛苦的記憶。其中尤為重要的是發生於一九三七年底至一九三八年初的南京大屠殺。根據美國近期所做的一項調查，在當時的南京，短期內「約有二十萬到三十萬名中國人被殺害」，「兩萬名女性被日本士兵強暴」。[12]

日本對中國的侵略（日軍暴行遍佈中國的許多地區），尤其是南京大屠殺，一直困擾著中日關係。部分原因在於，日本國內的部分教科書對日軍的侵華暴行進行了淡化處理。此外，日本政府雖然對侵華行為進行過正式道歉，但卻沒有像德國那樣，對它在二戰期間的侵略行為的各個方面進行徹底批判。

中共是如何打敗國民黨的？

毛澤東之所以擊敗蔣介石，源於許多因素。比如，隨著二戰的結束，共產黨人被塑造成一個虔誠的愛國者。在一九三七之後，國共兩黨聯合起來反抗日本的侵略，但許多中國人的感受卻是，共產黨比國民黨更加專注於抗戰。這除了因為後者一直難以擺脫腐敗的惡名，還因為蔣介石認為共產主義與外國侵略者一樣，是個巨大的威脅。

日本投降後，許多人希望中國會迎來一段和平而穩定的時期。事實卻相反。關係一向緊張的國共兩黨，在日本投降後有過短暫的蜜月期。但僅僅幾個月後，便爆發了內戰，並持續至一九四九年。這一年，毛所率領的紅色軍隊，即人民解放軍佔領了幾個關鍵的大城市，其中包括上海和北平。共產黨把北平改回北京之名，預示著它再次成為中國的首都。

在國共內戰期間，激烈的戰鬥往往發生在鄉村地區。而在城市裡，則是以宣傳和示威的方式展開更具象徵性的鬥爭。共產黨承諾說，內戰勝利後，它將重新分配土地，而一則關於共產黨在其轄區內發動土地改革的消息則廣為流傳。該消息稱，在共產黨統治的地區，土改已經有多年，地主被剝奪了土地和財產，有時還遭到毆打甚至殺害。這使得共產黨贏得了廣大農民的支持。同時，國民黨政權令人厭惡的腐敗、內部的勾心鬥角、無所不在的審查、對城市示威運動的鎮壓、以及蔣介石對美國過分的感恩戴德，都使城市裡的知識份子對國民黨敬而遠之。

美國支持國民黨，而蘇聯則支持共產黨，儘管二者的支持都是有保留的。這種局面與當時正在出現的冷戰相契合。事後，蔣介石堅持認為，毛之獲勝，關鍵是得到了莫斯科的支持，但同等重要，甚至是更加重要的原因則是蔣在一九四〇年代後期的統治失敗。這種失敗集中表現為驚人的惡性通貨膨脹。當時的貨幣貶值速度如此之快，以至於城市居民僅僅購買一袋大米，便需要花去一手推車的鈔票。[13]

考慮到一九四〇年代後期知識份子對國民黨的厭惡情緒，考慮到共產黨在工人和農民中間所享有的崇高聲望（共產黨被認為代表著人民的利益），考慮到中國社會各階層對和平的渴望，我們就不難理解，國共內戰的結束在當時為何受到這麼多人的歡迎。當時，中共媒體將一九四九年稱為「解放」的時刻。「解放」一詞作為一九四九年的代名詞，在中國持續使用至今。這一點無疑反映了當時許多人的切身感受，但地主階層可不會這麼認為。對地主來說，共產黨統治了中國不僅不值得歡迎，也註定是一件恐怖的事情。此外，面對一九五〇年代初這個國家的局勢扭轉，儘管有一些團體同樣充滿疑慮，但隨著和平的到來和生活水準的提高，許多人認為中國正在朝著積極的方向發展。

群眾運動在中華人民共和國發揮了什麼作用？

在中共統治中國的前幾十年，群眾運動一直是人們日常生活的重要特徵。此類運動往往被用來宣傳和推廣新政策，以確保人民的服從。甚至在毛去世後的兩年內，也就是華國鋒（1921–2008）當政時期，群眾運動仍一如既往地重要。在華國鋒被降職，鄧小平取而代之的一九七八年，群眾運動變得不再普遍進行。但在此後的改革年代，它有時仍會扮演著重要的角色。

這類群眾運動的內容五花八門，但是它的形式卻大同小異。首先是高層官員出來發表一篇講話，隨後主要的報紙會據此發表一篇社論，提出了運動的目標；接下來便是鋪天蓋地的標語和口號遍佈於城市的街道和鄉村。陸續上場的還有黨代表、居民委員會的主任和各單位的負責人，他們的責任是使屬下參加集會或其他活動。(居委會主任是中共執政早期在基層的重要權威人物,而單位在中共執政早期也承擔著許多社會功能,安排了非常多的社會生活。例如,許多人的住房便由所在的單位提供。)有時候,某些人或某種行為會被單獨揪出來,作為反面典型加以批判,因為它們所代表的觀點和做法正是群眾運動所要反對的。在一位中共高層看來,早期的群眾運動主要是將黨的目標內化為群眾的信念,讓群眾「逐步地解放自己,而不是把革命強加給群眾或者把勝利恩賜給群眾」。[14] 其中值得關注的是土改運動。在運動中,地主的財產被重新分配,任何被劃歸地主階層的人都會遭到他人的口頭和身體攻擊。土改運動始於一九四九年前,最早在延安和共產黨控制的其他地區推行。然而,中華人民共和國第一次全國性的群眾運動卻並非土改,而是在一九五〇年,對新的婚姻法的宣傳和推動(下文有更多論述)。

什麼是抗美援朝運動?

抗美援朝的目的是,鞏固中共作為一個愛國主義組織的聲譽,表明它決不允許外國再欺負中國。朝鮮戰爭(1950–1953)剛一爆發,中國便發起了抗美援朝。

朝鮮戰爭是冷戰時期美蘇兩大陣營之間的第一場「熱戰」，它在僵局中結束，並造成了一直持續至今的共產主義北韓和非共產主義南韓的分裂。然而，毛澤東卻聲稱，這場戰爭是中國的一個巨大勝利。為了援助北韓，中國投入了最多的兵力，並且中國軍隊的死亡人數超過了任何一個參戰國，其中便有毛的兒子毛岸英。中國的宣傳海報、電影和各種報導大肆宣揚中國士兵的英勇頑強，而身處國內的人們則參加各種反對美帝的集會，並捐錢捐物支持戰爭。與此同時，中共當局開始緊鑼密鼓地展開行動，剷除所謂的特務，將矛頭指向那些與外國政府、商業、教會和學校以及國民黨有關聯的人們。

毛所謂的「勝利」是指，中共軍隊有能力阻止美國及其盟友對整個朝鮮半島的佔領。這表明，中國可以抗衡美國這樣的超級大國。然而，中共也享受了另一個層面的「勝利」，那就是它藉著運動在全國範圍內鞏固了它對工商業和人民的控制。[15]

什麼是百花齊放、百家爭鳴運動？

匈牙利在一九五六年爆發的反叛在蘇聯的介入下遭到鎮壓。這次反叛在共產主義世界引起了劇烈震盪，因為它打碎了人們心目中的神話，即蘇聯陣營的每一個共產黨政權都得到其民眾的廣泛支持——包括中國在內，當時莫斯科向中國提供了重要援助，並派去大批專家顧問。這次反叛也碾碎了一個幻覺，即中歐和東歐的社會主義國家不僅僅是蘇聯的衛星國，還是蘇聯的盟友。

面對這種局面，毛澤東號召放鬆禁忌，允許人們指出黨所犯的錯誤，並指出官方意識形態的問題所在。他認為，建設性的批評可以鞏固政權。這個運動於一九五七年發起，它的口號是「百花齊放、百家爭鳴」。這使人想起了遙遠的戰國時代，當時包括儒家、道家、法家在內的諸子百家紛紛湧現，它們秉持不同的道德主張和治國之道，相互爭鋒，試圖贏得各國統治者的關注和恩庇。很快，全國各地的教授和學生們便紛紛發表請願書，貼出大字報，要求變革。

百花齊放運動往往被人們視為毛澤東引蛇出洞的「陽謀」，藉以暴露有著危險思想的知識份子。另一個不同的解讀認為，該運動的本意是想證明黨是受民眾擁戴的，有著足夠的控制力，可以從不同的意見中獲益，並透過給予知識份子更多的言論自由，進一步強化他們對中共政權的支持。根據這種觀點，人們後來發表的評論意見大大出乎中共的意料，中共惱羞成怒，很快對批評者展開鎮壓。

無論哪種觀點，最終結局都一樣，那就是隨之而來的一系列整肅，這就是反右運動。

反右運動期間發生了什麼？

反右運動的目的是向人們灌輸中共的正統觀念。任何一個人，只要他發表過非正統觀點，或僅僅被人告發持有這種觀點，便很可能被劃作「反革命」和「人民公敵」，遭到公開批判，並被送進勞改營。一旦被關押，這些「右派分子」將接受一段時間的「勞動改造」或「再教育」。如果改造成功了，便允許他們重新返回社會。只要曾經被劃為右派分子，他們就永遠無法擺脫「右派」

的帽子，因為每個中國公民都有一套檔案，詳細記錄著他們個人的政治歷史。在中國，這個檔案系統至今仍在部分沿用。

在反右運動中，除了那些的確批評過新政權的人之外，還有一部分人是因為各種不同的原因而受到懲罰。一些人被劃作右派分子，是因為有人對他們心懷不滿，或者想抹黑他們，因而捏造事實，栽贓嫁禍。另一些人受到迫害，完全是因為地方官員要完成中央下達的反右「指標」，因為毛曾經說過，有一定比例的革命敵人潛伏在人民中間。

女性在中共統治前十年中的境遇如何？

考慮到家庭關係在儒家思想中的重要性，以及中國帝制時代後期女性所遭受的偏見對待，一九五〇年代的新婚姻法尤為引人注目。這是中共政權建立後所頒佈的首批法律之一。帝制時代對女性的歧視無處不在，如寡婦要遵守婦道、保持貞潔，少女要被迫裹腳（這是一個非常痛苦的過程，目的之一是限制女性的身體移動），只允許男性參加科舉考試，等等。民國時期（1912–1949）推行了一些引人注目的改革，試圖重構性別和家庭關係。其中最著名的，一是一九四七年女性被賦予投票權（這實在是聊勝於無，因為在內戰時期，選舉幾乎沒有任何價值），二是裹腳不再廣泛流行（裹腳隨地域、階層和民族的不同而變化，它從未成為一個普遍的社會現象），並且逐漸受到國家的抵制。但在蔣介石掌握權力後，隨著他對儒家的推崇，並以傳統方式解讀儒家，追求性別平等的進程被打斷。

一九五〇年的婚姻法確立了新的婚姻制度。根據該制度，長輩不能再決定子女的婚姻大事，並實行男女平等。共產黨認為，實行新的婚姻制度，是改變農村的社會和政治關係的一種強而有力的方式，它同時預示著一種真正意義上的新秩序開始建立。這是一場帶來了深刻變化的革命，而不同於先前的革命，那只不過是地方官員的稱謂發生了變化，而百姓被欺淩如故罷了。[16]

新婚姻法運動提倡自由戀愛、自由結婚，反對長輩包辦婚姻。同時規定，結婚後，夫妻雙方受法律的同等對待（甚至享有同等的離婚權，而在舊婚姻制度下，丈夫的離婚權要遠遠大於妻子）。隨著新婚姻法的實施，另一個極具象徵性的是婚禮儀式的變化，即男方家人在婚禮上的角色被黨所取代，儘管這種變化並非婚姻法的正式規定。其具體表現是，一九四九年之後，婚禮上不再放置祖先畫像，取而代之的是毛的畫像；新婚夫婦在婚禮上不再對丈夫的父母行鞠躬禮，而是向毛的畫像行禮。

毛和中共聲稱「女性能頂半邊天」，昭示了中國的性別關係已經接近一個新時代的拂曉。在中共執政早期，中國女性的生活在某些方面的確有所改善。許多女性在地方的黨組織中擔任要職，另外一些女性則因工作出色而被譽為「勞動模範」。中共還發起了一項旨在促進安全分娩的運動，大幅降低了孕婦和嬰兒的死亡率。然而，儘管許多女性參加勞動，並開始在辦公室、工廠以及（一九五〇年代末期之後的）集體農場工作，但她們依然承擔著照顧家庭的重任，往往在一天工作完成後，要從事「第二班工作」，包括洗衣服、做飯、打掃、縫製衣物、養育子女等家務。結果，在中國女性的記憶中，中共統治的第一個十年，不僅是一個進步的時代，還是一個異常艱辛的時代。[17]

毛澤東及其主要盟友都是些什麼人？

毛澤東出生於一個富裕的農村家庭，他的父親有足夠財力雇傭一名勞工，並支持毛澤東求學。在青年時代，毛澤東便被激進政治所吸引，他第一次參加激進政治活動是在老家湖南省，此後是在北京。他曾擔任北京大學圖書館的助理工作，並受到進步教師的極大影響，尤其是陳獨秀。當時後者開始宣導無政府主義和馬克思主義觀點。毛澤東早期最重要的著作之一是《湖南農民運動考察報告》。在這篇文章中，他強調共產黨要從農民運動中學習，而非像正統馬克思主義那樣，認為農民是一個大生落後的群體，需要來自城市階層的指導；他聲稱，極端手段和大規模暴力往往是革命必不可少的組成部分，也就是他常說的「革命不是請客吃飯」；他還認為，中國女性所遭受的壓迫是獨一無二的，她們不僅遭受著階級上的不公正，還受到男性家族成員的支配。

正如上文提到的那樣，毛澤東在長征期間達到了中共權力的最高層。他的至高地位也彰顯於：在一九四九年十月一日，當中華人民共和國成立時，正是毛站在天安門城樓上，宣佈這個新國家的誕生。至今，他的巨幅頭像仍高懸在天安門城樓上，提醒著人們他是這個國家的開國領袖。雖然毛堅稱自己不想成為「個人崇拜」的對象，甚至禁止人們慶祝他的生日。然而，在其有生之年，他在國內卻被提升至神一般的地位。一九四九年至一九七六年，中共所宣導的官方歷史將毛塑造成一個核心人物，認為他在一九二〇年之後中國革命的每一個關鍵時刻，均發揮了中心作用，而非常不公平地貶低了中共許多其他人的貢獻。以至於，在當時，每年一度的大型節日，如七月一日的建黨節、八月一日的建軍節，甚至十月一日的國慶日，事實上都變成了對毛個人的頌揚，其程度不亞於對這些節日本身的紀念。

毛的最親密的同僚，正如上文所提到的，大多是共同經歷過長征的元老，包括以高超外交技巧著稱的周恩來和解放軍中的二號人物朱德（1886–1976）。這些人也都是延安時期毛澤東的親密同事。中華人民共和國早期的諸多政策最初都是在延安出台並試驗的，對於那些崇拜中共早期領導的人來說，延安是一個革命聖地。

與毛一樣，他的許多盟友首次投身政治運動的時間是在新文化運動期間或稍早，並參加了一九一〇年代的反帝、反軍閥抗議活動。一些人年輕時曾經留學海外，如周恩來和鄧小平在法國學習過，後者也是一位長征元老，而其他人，包括毛在內，則是很久之後才第一次走出國門（毛在一九四九年之後，才首次出國前往莫斯科）。毛的盟友除了長征元老之外，還包括像劉少奇（1898–1969）這樣的高層官員。劉少奇在一九五〇年代和一九六〇年代初，曾是毛指定的接班人。這部分人為了共產主義事業，曾經於一九三〇和一九四〇年代在國民黨控制的中心城市從事地下工作，試圖將工人組織起來，並開展地下宣傳。

人們如何看待毛的著作？

最初，毛的講話和文章僅僅被當作最有影響力的對馬克思主義的中國式解讀。但很快，它們便開始具有了類似於聖經的功能，成為一種強制人們學習和背誦的文本，並被用來對道德與否的問題做最終的裁決。

這種變化既是毛走上神壇的有力推手，也是毛至高地位的一種表現。毛被神化還有各種各樣的視覺上的形式，如毛的巨幅肖像、無以數計的招貼畫，這些東西旨在歌頌他的功績，將他視為中國革命甚至是新中國的化身。「新中國」一詞常被用來指稱一九四九年建立的中華人民共和國。

他的著作涵蓋範圍廣泛：既有精雕細琢的理論文章，對馬克思主義關於農民革命潛力的傳統觀點進行修正；也有古典詩詞；還有遊擊戰方面的論述，強調遊擊戰的重要性，認為它是數量上和軍事上均處於劣勢的一方籍以奪取政權的重要戰略。毛澤東一直是西方帝國主義的批判者，一九五〇年代以後，蘇聯又成為他的批判目標。他撰寫多篇文章，譴責蘇聯從革命者向修正主義者的轉變。此時，莫斯科和北京之間的分裂公開化，這種分裂既與雙方的邊界糾紛有關，又涉及到雙方對國際共產主義運動的不同看法。毛澤東堅信，中國而非蘇聯的共產主義，才是開發中國家的人們可資借鑒的最佳革命模式，因為這種模式重視農民的革命潛力，並強調反帝運動。

什麼是大躍進？

到一九五〇年代末，毛澤東失去了耐心。他希望中國更快地實現平均主義烏托邦，邁向真正的共產主義，從而向世界表明，中國並非僅僅是蘇聯所領導的全球共產主義運動的一個小老弟。

這促使他推出了一項大膽的新計畫，意在使他國內的追隨者和國外觀察家們相信，中國能夠在某些領域超過蘇聯，而不是跟在它後面亦步亦趨。甚至，他想向外界展示，中國能夠趕上甚至超過最發達的西方國家。為此，他要求放棄漸進政策，不再一步一步地過渡為更高水準的集體化，而代之以推行「大躍進」，實行快速集體化，提升糧食和鋼鐵的產量，使中國趕在蘇聯之前全面實現共產主義，並在經濟上與西方平起平坐。

大躍進的最初結果令人印象深刻，因為超高的糧食畝產量頻頻見諸報端。報紙上充斥著連篇累牘的報導，宣傳的都是農民過著「幸福的集體生活」，他們可以充分享受公共的「食堂、幼稚園、托兒所、縫衣組、理髮室、公共浴室和幸福院」等人民公社所提供的福利。[18] 然而，在這種表象之下，一場日益迫近的大災難正在逐步醞釀。地方官員為了顯示對毛的指示的充分擁護，避免受到中央政府的懲罰，紛紛好大喜功，大肆誇大糧食畝產量。為了提升鋼鐵產量的數字，各式各樣的農具被投入土法煉鋼爐，燒製成了一堆堆沒有用的廢鐵。此外，一些受到毛認可的偽科學創新，如深耕密植，都遭遇了慘敗。

當上述問題遇上了惡劣的天氣時，其結果便是釀成了世界歷史上最慘絕人寰的大饑荒：持續到一九六一年，死亡人數至少有二千萬，也許接近三千萬。年輕人的死亡率尤其高：死者的平均年齡從一九五七年的十七點六歲驟降至一九六三年的九點七歲；一九六三年的死亡人口中，有一半的人不足十歲。正如歷史學家史景遷所言：「發動大躍進的初衷是透過激發出人民的能量而增強國家的實力，但結果適得其反，最終吞噬了大量的中國年輕人。」[19]

什麼是文化大革命？

大躍進災難過後，毛暫時失去了作為中國最高領袖的地位。儘管他仍被官方尊為中國最偉大的思想家，但國家的實際運作卻掌握在劉少奇、鄧小平以及其他中共領導人手中，這些人更加務實，沒有毛那樣的烏托邦激情。無論是在中國國內還是在海外，人們對文化大革命一直知之甚少。它在很大程度上是毛澤東重新奪回核心地位的一次努力。這次運動中，他完全繞開了黨的官僚機構，發起了一場群眾運動。

這場鬥爭開始於毛所發佈的戰鬥宣言（他擔心文化大革命會無疾而終）。隨後，他主導了多次大規模的紅衛兵集會。紅衛兵是毛的狂熱追隨者，他們對任何被認為對毛不忠的人進行口頭或人身攻擊，有時候甚至將這些所謂的「人民公敵」毆打致死。紅衛兵大多是高中生和大學生，他們往往將鬥爭矛頭指向教師和學校管理人員，認為這些人太過保守，或者不夠尊重毛的教導或指示。

在隨後的幾年中，一場又一場的政治運動接踵而至，許多中共高層領導人淪為憤怒民眾的攻擊目標。那是一個人與人之間相互整肅的混亂年代，前一場運動的施暴者很可能成為下一場運動的受害者。劉少奇的地位一落千丈，從毛親自挑選的接班人變成了群眾運動的批鬥目標。同樣的命運也降臨到劉少奇的繼任者林彪（1907–1971）身上。文革期間，大學被關閉，知識份子被下放到農村接受勞動改造，淨化思想。

文化大革命是一個充斥著街頭械鬥和農村暴力的時代，許多無辜民眾遭殃，有的人名譽受損，有的人不堪殘酷折磨而自殺；是一個烏托邦的希望破滅，黑暗和噩夢籠罩一切的時代；是一個子女出賣父母、朋友背叛朋友的時代，而此種行為有的並非全然出於政治運動的意識形態狂熱，而僅僅是保護自我的渴望。身處這樣一個時代，最安全的事情往往是告發他人，以證明自己的清白。文革與原教旨主義宗教運動有許多共同特徵：毛是文革中的先知，他的著作是據以判定道德純潔的唯一文本。某種程度上，文革也是一次青年運動。當時的年輕人伴隨著那個時期的電影和海報長大。這些宣傳品告訴他們，生活有意義的唯一途徑便是投身到改天換地的偉大行動中去，以開創一個類似於長征和延安時期的新時代。這一點集中體現為全國範圍內紅衛兵的「大串聯」，據說是為了傳播毛的教導，並與他人「分享革命經歷」。「串聯」方式有時候是乘火車，有時候是徒步，比如重走毛曾經走過的長征路。

何謂四人幫？

四人幫指的是毛澤東的第四任妻子、遺孀江青（1914–1991）和她的三位盟友。江青和毛在延安時期結婚，但直到一九六〇年代中期，她大部分時間內都缺席於中共的統治精英之列。但是，當江青在文化大革命初期開始推廣激進的文學和表演藝術時，這種情形發生了改變。在文革接近尾聲時，江青和她的三位盟友擁有巨大的權力，但很快，在一九七六年毛死後不久，四人幫就成為群眾運動批判的目標，並遭到監禁。

四人幫成為文革歷史錯誤的替罪羊，一定程度上減輕了毛對「十年浩劫」所負有的責任。在中共的官方歷史中，四人幫是詭計多端的、無原則的機會主義者，他們利用與毛的特殊關係，圖謀毀掉這個國家，並攫取最高權力。官方歷史還認為，他們的手段包括，將不喜歡的人或潛在的競爭對手（如鄧小平）貼上「右派」標籤，並奉行據說極富革命性的「極左」路線，這種路線事實上卻使革命陷入困境。江青一九九一年在獄中自殺。在中國，她現在往往被視為一個惡毒的女人，其自私的計畫一旦得逞，將會顛覆整個國家。她還被妖魔化為「龍夫人」（Dragon Lady），類似於中國歷史上得勢的帝王之妻。[20]

為什麼中國現任領導人不否定毛澤東？

無論是在中國國內還是在海外，一直都存在對毛澤東的不同評價，而且會繼續存在。甚至在某些地方，如尼泊爾，毛派遊擊隊一直將毛澤東的著作奉為真理。然而最近，在中國之外，一種非常普遍的看法是，將毛澤東比作中國的希特勒。這種看法很大程度上基於大躍進和文化大革命期間毛的政策給中國帶來的災難性後果。

將毛澤東比喻為希特勒在許多方面具有誤導性。但在闡述其缺陷之前，我們必須先對這種比喻有所認識。這一點很重要，因為如果僅僅將毛視為中國的希特勒，那麼我們至少可以說，這將使當今中國的許多現象變得匪夷所思和令人不安。比如，中華人民共和國的紙幣上仍印著毛的頭像；比如，他的屍體依舊保存在天安門廣場；還有就是，在歷次國慶日的口號中，都會出現「堅持毛澤東思想」（一同出現的還有「鄧小平理論」、江澤民那標題古怪的

「三個代表」以及胡錦濤的「和諧社會」)。

將毛澤東比作希特勒的說法在西方和台灣很流行。它將毛視為一個單向度的形象，認為他純粹是邪惡的化身。要對這種具有誤導性的看法進行檢視，最佳的起點也許是張戎和哈利戴的暢銷書《毛澤東：鮮為人知的故事》(Mao: The Unknown Story)[21]這本書出版於二〇〇五年，已經成為最著名的關於毛的傳記。在該書面世之前，一些西方人士已經在心裡竊竊私語：為何中國仍未對毛澤東進行徹底地批判？尤其是考慮到，當前的中共領導人早已與毛的一些政策劃清界限，並放棄了他激烈的反右立場和階級鬥爭言論，這一點就更加令人奇怪。隨著這本書的出版以及隨之而來的媒體炒作，這種困惑感急劇上升。

之所以出現這樣的反應，是因為本書的一個獨特之處是，這本關於毛的英文傳記，對毛作出了最為負面的評價。作者並不滿足於將毛與希特勒和史達林並列為三大魔頭(之前的作家往往如此)，而是認為在某種程度上，毛是三人中最邪惡的一位。書中引起爭議的一個觀點是：毛澤東要為和平年代七千萬人的非正常死亡負責，這超過了歷史上任何一位暴君。該觀點被人們頻繁提及，已經被當作一種習以為常的事實陳述。

這個七千萬的死亡人數乃是基於一系列有問題的論證。該論證認為，毛並不僅僅是實施了錯誤的政策，導致了災難性後果，他事實上還「殺死了」大躍進期間每一位被餓死的人。另外，一九五〇年代至一九七〇年代中期歷次整肅和群眾運動的每一位遇難者（他們或死於獄中，或自殺），以及內部爭鬥（如文革武鬥）的死難者，均可歸罪於毛。

死亡人數本身不可能被核實，部分原因是，在饑荒年代，很難將饑餓與其他致死原因區分開來。同時，在內亂期間，部分人的確死於政治暴力，但還有一部分人的死亡原因卻是年老或疾病，二者也不可能作出準確區分。此外，只關注災難，容易使我們徹底遺漏中華人民共和國在最初幾十年間所取得的成就：事實是，儘管有著大躍進等種種恐怖事件，在毛統治時期，中國的人均壽命從最初的大約三十五歲延長到七十歲，文盲率也大幅下降，從大約百分之八十降到不足百分之十。

書中充滿了對暴力行為的詳細描述，並有大量聳人聽聞的論述，將毛刻畫為一個從青年時代便有著鐵石心腸的馬基維利式的人物。作者聲稱，毛甚至從來沒有真正相信過馬克思主義，而是僅僅將它當作攫取權力的工具。並且，作者斷言，毛在晚年變成了一個嗜血的、沉溺於女色的暴君，與之往來者盡是些阿諛奉承之徒。

總之，這本傳記更多地將毛呈現為惡魔，而非一個人類。兩位作者堅稱，毛缺乏愛的能力，從來不會對他的行為哪怕有一絲一毫的悔意。然而作者並沒有神奇的魔力以直接窺視毛的內心，因此這一點是如何得出的，他們並沒有作出解釋。

除了視為惡魔外，人們還怎樣看待毛？

除了把毛比喻為中國版的希特勒、惡魔，人們對毛還有許多其他看法。其中的一種是，毛有點類似於美國的第七任總統安德魯·傑克遜（Andrew Jackson）。當然，這種類比極不恰當，但它卻有著事實基礎：在某些方面，美國人眼中的傑克遜確實與毛有些類似，他是美國民主黨的創立者之一，該黨至今仍黨徒眾多，他同時也是一個要為美洲印第安人的種族滅絕政策負責的人。

人們認為，這兩個人均犯有可怕的罪行，但這並沒有妨礙人們將他們當作正面的象徵：傑克遜的頭像仍然出現在二十美元面額的紙幣上。儘管美國人認為奴隸制度是一種罪惡，但傑克遜卻是奴隸制的積極捍衛者；美國人認為十九世紀早期針對美洲印第安人的軍事行動令人髮指，但傑克遜卻參與其中。

人們有時認為，儘管傑克遜有這樣那樣的缺陷，但卻代表著美國民主傳統中的平均主義面向。他白手起家，憑藉直率和坦誠登上權力高峰，不與財富精英為伍。這一點與毛大體類似。中國近些年被迫失業的國有企業工人往往對毛表示認同，這一點可以理解。他們認為在毛的時代，工人受到更多的尊敬。有些人還認為毛是這樣一位中共領導人：儘管他犯了許多錯誤，但他卻從來沒有忘記他的農村出身，也從來沒有認為自己屬於一個比普通人更高的階層。

毛在中國被認為是一個罪人嗎？

中國人民並未被洗腦到認為中共及其領導人永遠正確。儘管有些中國人仍尊崇毛，認為他是神一般的人物，但大部分人卻不這麼認為。一個廣泛接受的事實是，毛犯下了嚴重的錯誤。中國官方在一九八〇年代早期對毛作出歷史評價，認為他是七分功三分過。人們對這一評價褒貶不一。有些人認為過於嚴厲，畢竟毛使中國在一個世紀的時間內首次贏得了完全的獨立；其他人則認為這一評價太過寬鬆。

在毛澤東遺產的官方敘述中，並未列明他所犯的錯誤。但人們卻廣泛認為，毛最大的錯誤發生在他的後半生。如果較早去世，他的功勞很可能就不止七分。不用說，他最臭名昭著的錯誤便是大躍進和文化大革命；關於後者，他的罪責是一九六六年煽動紅衛兵參加武鬥，並且十年後，毛支持四人幫的惡行，或者至少沒有加以制止。對那些目前依舊崇拜毛的人們而言，他們頭腦中的毛澤東往往是大躍進和文革前的那個領袖形象。

普通中國人如何看待毛？

普通人對毛的感覺五花八門，從懷念到憤恨，從崇拜到蔑視，不一而足。人們依舊排著長長的隊伍去參觀毛的遺體。他的遺體展示在位於天安門廣場中心的豪華陵寢中，這個陵寢是在他死後不久而修建的。儘管一些參觀者的確是懷著敬意去的，他們依舊將毛奉為神明，但並非每一個前往參觀的人都是如此——一個流傳甚久的說法是，一些人之所以前去參觀，僅僅是為了確定毛這個暴君的確已死。還有不少人僅僅是作為遊客前往。毫無疑問，大多數人的心態與當今法國人參觀拿破崙陵墓時的心態並無不同，他們認為毛在中國歷史上的重要性不可否認，他既有陰暗的一面，同時也為這個國家作出了巨大貢獻，否則中國也不會是現在的樣子。

在當前中國的某些特定場合，人們表達對毛的崇拜，是為了對毛去世以來的一些現象提出批評。比如在本世紀初期，中國北方的停滯生鏽的老工業城市裡，當國有企業失業的職工們上街遊行時，他們有時會舉著毛的頭像，表達對導致他們失業的經濟改革的不滿。毛曾經告訴他們，國有企業永遠歸工人所有。在二〇一二年秋天發生的反日遊行中，毛的畫像再次出現。評論家們認為，這表達了抗議者不滿於中共高層對當下中國走勢的處理方法。這些畫像的出現表明，中國再次需要一位「偉大舵手」（毛以此聞名），向日本展示強硬姿態，並解決兩國的糾紛，同時帶領中國重新走上正軌。22

此外，一些經歷過文革並遭遇苦難的中國人，在談及文革的一些具體現象時，甚至在談論毛澤東的時候，都會展現出一種正面的態度。因為當前年輕人表現出的以自我為中心和消費上的追求令他們惱怒。他們會說，儘管文化大革命很糟糕，但讓城市青年上山下鄉，親身體驗農村的生活，不失為一件好事。

還有一些人，他們認為，在某種程度上，毛還是一位在外交領域取得重要成就的人。比如，他們積極評價毛在一九五〇年代朝鮮戰爭中的作用，認為中國和北韓聯手與南韓和聯合國軍打成了平手。他們或許還會積極評價一九七二年毛和美國總統尼克森的歷史性會見。這次會見之所以可能，是因為在當時，毛和強烈反共的尼克森都共同反對蘇聯，並希望牽制它。兩人均明白，這次會見將為中美重新建立全面的外交關係鋪平道路。這在一九七〇年代末成為現實，當時的美國總統是吉米．卡特（Jimmy Carter），中國的最高領導人是鄧小平。

有的時候，張戎和哈利戴所認為的毛的邪惡（如他們聲稱毛即便對至親也冷酷無情）反倒成為一種優點，被民眾用來批評當前的中國領導人。比如，當前中共太子黨所享有的過度的影響力和不公平的巨額財富，這讓許多民眾感到憤怒。一些人會以毛為例，認為毛對待子女的方式，集中體現了他相對於現任領導人所享有的道德優勢。他們會說，毛送兒子毛岸英出國，是讓他冒著生命危險，與戰友們一道抗美援朝。而當今的領導人送子女出國，則是為了讓他們隱身在牛津大學或哈佛商學院安然地讀書。

Part Two

The Present and the Future

當前與未來

本書的下半部分集中關注中國的現狀和未來。第四章的標題是「從毛澤東到現在」，檢視了一九七八年之後，即後毛澤東時代或改革時代的某些最重要的人物（如鄧小平）、政策（如廣為人知的、但某種程度上遭到誤解的「計畫生育」政策）以及事件（包括一九八九年的天安門事件及二〇〇八年的北京奧運會）。本章所要探索的一個核心主題是，中共的統治壽命為何出人意料地長久。要知道，在一九八九年的時候，許多人都認為這個組織已經苟延殘喘了。然而現實卻是中共依然健在，並於二〇〇九年十月一日大肆舉辦了中華人民共和國建國六十周年的慶祝活動。那是一場包羅萬象的盛大慶典，遊行展示的東西從吸引目光的、富有地域特色的彩車，到最新的高科技武器，不一而足。第五章的目的是，希望讓讀者準備好迎接一個美中皆為世界超級強權的時代。這個時代或許剛剛拉開帷幕，也許很快就會到來，它完全取決於你如何界定中華人民共和國作為一個「超級強權」所應具備的條件。這一章考察了美國過去和當前一直存在的對中國的誤解，誤解的源頭則往往是美國未能理解中華人民共和國內部的多樣性。這一章也簡要地分析了中國人對於美國的誤解，它們往往源於中國民眾無法理解中美之間媒體制度的巨大差異。本書的最後一章對未來做出一些預測，並就在未來幾年中，美國和中國的人民如何更加清晰地看待彼此提出了一些建議。

4 — From Mao to Now
從毛澤東到現在

鄧小平是誰？

鄧小平的首次革命經歷出現在一九二〇年代，當時他在法國勤工儉學，並與青年時代的周恩來建立起長久的友誼（在毛時代的大部分時期裡，周一直是中國的二號人物）。這一時期，由於他負責印刷而積極地宣傳進步事業而被稱為「油印博士」。在他人生的最後近二十年中，儘管在法律上不是，但他一直是中華人民共和國事實上的最高領導人。繼毛澤東之後，還沒有誰對中國的影響像鄧小平那樣大。

鄧小平是「改革開放」政策的規畫者，這項政策為後毛澤東時代中國的經濟起飛設定了路線。他還與英國首相柴契爾夫人成功地加以談判，從而為香港於一九九七年七月一日從一個英國的殖民地轉變為中華人民共和國的一個特別行政區鋪平了道路。之所以選擇「一九九七年七月一日」，是因為這一天乃是英國的租界九十九年的期限屆滿之時。英國人原本試圖保留香港島，因該島並非租借而是徹底割讓給了英國，但如若這樣，它將遭到孤立，並難以獲得水、電等生活必需品。鄧小平也是首位拋棄個人崇拜的中共領導人。毛澤東否認自己想要個人崇拜，但他後來卻極力促成了對自己的崇拜。華國鋒繼承了這種傳統，但鄧小平則將之徹底拋棄。

例證之一就是，鄧小平的頭像從未顯著地出現在各種海報上，而帶有毛澤東頭像的海報卻數以萬計（其中一些海報的印數達數百萬份）。在華國鋒短暫的執政生涯中，他的頭像也經常顯著地出現在海報上。[1]同樣地，一九七九年之前，「毛主席萬歲」和「華主席萬歲」是這個國家慶祝儀式上的慣常口號，但自鄧小平時代以來，「萬歲」這個字眼僅僅被用在組織、大型群體或某項政策上，如中國共產黨萬歲、中國人民萬歲、民族大團結萬歲等。一九八四年，鄧小平的聲望達到頂峰。在這一年的國慶日，當他在檢閱國慶遊行隊伍時，一些學生打出了「小平您好」的橫幅。中國還有一些紀念他的塑像，其中的一座大型塑像便位於距香港不遠的深圳。鄧小平使深圳成為中國第一個「經濟特區」，允許資本主義元素在此落地生根；可以說，在將深圳由窮鄉僻壤轉變為一個主要的大都市方面，他居功至偉。但是，一般來講，即便在他的個人權威登峰造極之時，鄧小平也僅僅被視為中共統治寡頭中居於首席的一位，而不是一個與其他中共領導人截然不同的人。

在整個毛澤東時代，鄧小平「三落三起」，有時因為過於溫和而受到批判，但其它時候則被認為具有管理經濟的卓越才能。他最後一次遭到整肅是在文化大革命期間，他的家人也遭受了極大的磨難（如他的大兒子鄧朴方被紅衛兵折磨，從屋頂墜落，落下終身殘障）。就在華國鋒短暫地出任中國最高領導人期間，鄧小平第三次複出。

從一九七八年底開始，鄧小平明顯大權在握，這一狀況一直持續到他一九九七年初去世時為止（他在有生之年並未看到香港重新成為中華人民共和國的一部分）。然而，令人疑惑的是，在他掌權的大部分時間內，他的公開職務僅僅是國家「副總理」，並且在生命的最後幾年中，他已正式「退休」，但卻依然在幕後發揮著巨大的影響力。

鄧小平的繼任者是哪些人？

鄧小平與毛澤東的一個共同點是，他們均無法妥當安排一名權力繼承人。與毛澤東挑選的繼承人一樣，鄧小平選擇的繼承人起初也是被提拔至高位，繼而失寵遭到罷黜。這種情況發生在胡耀邦（1915–1989）身上，他於一九八二年擔任中共中央總書記，卻由於在一九八七年反對學生抗議方面太過軟弱而遭到貶抑。該情形在趙紫陽（1919–2005）身上再次出現，趙在執行一九八七年之前的經濟改革方面是鄧的一位重要盟友，繼胡耀邦之後出任中共中央總書記。他從一九八九年六四事件之後直至去世一直遭到軟禁，原因是對該事件（下文有詳細敘述）採取了太過軟弱的應對路線。鄧小平的最終繼承人是江澤民（1926–），他在趙紫陽下台後擔任中共中央總書記。

然而，在鄧小平去世之前，江澤民並未完全掌握權力。二〇〇二年，胡錦濤繼任江澤民的職務，但是與晚年的鄧小平一樣，江澤民繼續發揮著政治影響力，儘管他已正式「退休」並放棄了大部分職務。二〇一二年十一月，胡錦濤與江澤民一樣，正式離任：從一個正式的掌權者轉變為對政治生活有影響力的幕後人物。儘管如此，中國政治的觀察家們認為，胡錦濤在中共黨內的支持基礎要遠遜於江澤民，不太可能像江澤民那樣，在幕後施加如此大的影響力。

對江澤民和胡錦濤蓋棺定論仍為時過早。兩人均提出或支持不同的口號和理念，江澤民提出了「三個代表」，胡錦濤則呼籲構建「和諧社會」。他們希望這些口號和理念能夠贏得與鄧小平的「四個現代化」和「致富光榮」同樣廣泛的共鳴。然而，幾乎可以肯定的是，未來的歷史學家不太可能將這些概念視為至關緊要。可能的反而是，兩人的歷史地位與二〇〇二年出人意料的權力平穩轉移聯繫在一起。那一年江澤民把權力的指揮棒交給了胡錦濤，而這一幕是普通中國人幾十年來未嘗看見的最為平靜的權力交接。

這次交接被認為對未來十年一次的權力轉移樹立了先例。但二〇〇二年年初所發生的事件卻告訴我們，二〇〇二年權力的平穩交接是多麼不同尋常。胡錦濤在即將卸任黨總書記的最後一年，始於一個異常困難的開端，薄熙來，十八大政治局常委的有力競爭者，在一樁謀殺醜聞中遭到了整肅（詳見下文）。大多數觀察家的預測是，中共十八大將於同年九月或十月初召開，但事實上卻推遲到了十一月初，原因據說是由於中共高層在十八大政治局常委的人選問題上，在密室裡出現了激烈的爭鬥。然而，十八大開幕之後，一切都很平穩，並沒有在最後時刻出現重大意外。正如所預料的那樣，中共政治局常委的人數由九名降至七名。許多觀察家認為，胡錦濤在卸任國家主席、中共總書記的職務後，會短暫保留中央軍委主席這一職務，一如江澤民當年那樣。但結果恰恰相反，胡錦濤將全部職務一併移交給了習近平。在這次權力交接中，江澤民有著很高的曝光率，這出乎一些觀察家的預料，導致外界紛紛議論江澤民派系仍然具有持續存在的政治實力。即便如此，沒有一件比得上十八大實際召開之前發生的圍繞著薄熙來案的戲劇性事件。

鄧小平究竟做過哪些事？

除了簽訂《中英聯合聲明》關於香港的合約之外，鄧小平的主要外交成就便是實現了與美國關係的正常化。一九七九年，作為首位訪問美國的中華人民共和國領導人，他一開始便被華盛頓視為唯一一位易於打交道的共黨領袖。一九八〇年代莫斯科與北京外交關係的重新正常化也要歸功於他。事實上，天安門抗議之所以得到國際媒體的廣泛關注，原因之一便是，當抗議開始的時候，蘇共總書記米哈伊爾・戈巴契夫（Mikhail Gorbachev）正在中國與鄧小平舉行一系列高峰會談，這些會談旨在進一步恢復中蘇這兩個最大的共產主義國家之間的緊密關係。

然而，人們對鄧小平的正面評價，並非源於他在外交領域的作為（在該領域他並非一直成功，如一九七〇年代末他主導了一場與越南之間短暫的、但卻代價高昂的戰爭），而是因為他在國內引進了一系列大膽的經濟改革，為中國長達二十年創紀錄的經濟增長鋪平了道路。這些改革旨在透過有限度地放開對私人企業的限制、吸引外商投資以及部分地降低國家對農業和工業的控制，來調和共產主義的意識形態。改革的目標是釋放出壓抑已久的創業活力，允許獲得豐收的農民出售一部分農產品以獲利，從而振興農業，並促進「有中國特色的社會主義」。「有中國特色的社會主義」是一種獨特的經濟制度，在這一制度下，國家仍控制著大部分經濟活動，但與蘇聯式的五年經濟計畫相比，卻允許企業有更大的自由空間，而且權力向下轉移。

人們現在如何看待鄧小平？

假如鄧小平於一九八九年之前去世，那麼無論在中國還是在西方，他都會成為一位值得敬仰的歷史人物。人們欽佩他的務實主義和不再強調階級鬥爭的政治口號（如廣為人知的「致富光榮」）。與強調意識形態純粹性的毛澤東不同，鄧小平聲稱他不在乎「黑貓還是白貓」，因為「只要抓到老鼠就是好貓」。一九七八年和一九八五年，他曾先後兩次當選為《時代》雜誌的「年度風雲人物」。要知道，即便時代-生活雜誌的創刊人亨利·魯斯（Henry Luce）對蔣介石青睞有加，他也只把這種榮譽給過蔣一次，而且還是與夫人宋美齡一道分享：《時代》雜誌所評選的唯一一對「年度風雲夫婦」。儘管鄧小平的政策在許多方面並未達到全面擁抱資本主義的地步，但他往往被認為創造了一個更具資本主義色彩的中國。

當前，儘管鄧小平被中國官方推崇為一位為國家做出巨大貢獻的偉人，但他的國際聲譽卻褒貶不一。儘管他與經濟改革密切相關，這些改革使中國從一個第三世界經濟體發展為世界第二大經濟體；但同時他的個人形象也與中國緩慢的政治改革聯繫在一起。這個人提高了中國的GDP以及中國在世界上的地位，但卻數次鎮壓異議運動，包括一九七〇年代末的民主牆運動以及更加重要的天安門民主運動。二〇一一年，費正清東亞研究中心前主任傅高義（Ezra Vogel）出版了一本對鄧持同情態度的傳記《鄧小平改變中國》，許多評論家批評傅高義對這位已故領導人太過厚道。其他人則坦言，與毛澤東一樣，鄧小平也是一位有著複雜面相的政治人物，他的遺產無法一言以蔽之。[2]

什麼是民主牆運動？

一九七八年秋天，抗議者開始在北京某些地方的牆上（譬如「西單民主牆」、北大三角地「民主牆」)張貼宣言、詩歌和其他異議文件。民主牆運動由此得名(「民主牆」的稱謂首次出現在一九四〇年代末;在一九五〇年代末的百花齊放期間,它再次出現)。這些抗議者所追求的目標和所持的言論五花八門,因為許多人受到了馬克思主義觀點的啟發,或至少受到共產世界內部批判力量的鼓舞(如南斯拉夫改革派認為,社會主義環境下的幹部往往變成了一個精英主義的「新階級」,他們呼籲對這種傾向加以制衡),而其他人則受到自由主義觀念的影響。換言之,一九七〇年代民主牆運動中的「民主」一詞具有多種含義,但它主要表達的是這樣一種渴望:要求統治者更多地傾聽人民的聲音。

起初,鄧小平似乎覺得這是一樁好事,人們可以借此表達希望、發洩不滿。然而,到一九七九年底,政府認定這些抗議具有危險性,繼而將一些最大膽的大字報作者投入監獄,這幾乎可以說是百花齊放運動的重演。

最知名的民主牆運動的參與者是魏京生(1950-),他為此而被判入獄多年,目前作為一名政治流亡者生活在美國。針對鄧小平的「四個現代化」(強調中國要實現農業、工業、科技、國防的現代化),魏京生在西單民主牆貼出了他著名的小字報《第五個現代化:民主與其它》,聲稱中國同時需要「第五個現代化」,即民主改革。

天安門事件的真實情況是什麼？

大多數四十歲以上的西方人，儘管他們可能對民主牆運動知之甚少，但他們都認為自己瞭解一九八九年天安門事件的主要事實，尤其是那些在電視上即時追蹤事態進展的人。而許多四十歲以下的西方年輕人則認為自己至少知道這一事件的基本輪廓。

然而，許多情況下，八九天安門事件的細節在西方人的記憶中已支離破碎，這個錯綜複雜的事件往往被簡化為一位男性「學生」（儘管這個人很可能是一名工人）與中共坦克車隊之間的對峙。造成困惑的主要根源事關一系列問題：究竟是哪些人死於六四屠殺（詳見下文）；他們如何被殺（西方人往往認為大多數遇難者被坦克碾壓致死，但事實上，自動武器造成了更多的死亡）；以及在哪裡遇害（並非在天安門廣場，而是在靠近廣場的街道上，因此我避免使用「天安門廣場屠殺」這樣的字眼）。

中國政府則堅持認為根本不存在屠殺。相反，他們宣稱，在這次事件中，士兵們結束了一場「反革命騷亂」。這場騷亂干擾了中國首都的日常生活，對國家的穩定構成了威脅，如果不加以制止，整個國家便有可能陷入文革式的混亂之中。同時還聲稱，在應對騷亂群眾時，士兵們展現了極大的克制，許多士兵還為此失去了生命。

西方將中共這種對六四事件的認定，恰如其分地稱為關於一九八九年的「彌天大謊」。的確，部分士兵被殺害，但他們絕非六四暴力唯一的或主要的遇難者。考慮到一九八九年抗議運動很大程度上所具有的非暴力色彩，中共當局將它與駭人的文革相提並論，這是一種極度誇張的說辭。

然而，中共的這個「彌天大謊」並不是唯一得到廣泛流傳的謬誤版本。比如，許多西方人繼續錯誤地認為，六四屠殺的被害者大多數或全部都是學生。事實上，大多數遇難者來自其他階層。再如，他們還錯誤地相信，一九八九年抗議者的主要口號是呼籲「民主」，而事實上，當時的抗議者強調更多的是貪腐之惡，而非渴望選舉。

學生們的確在最初的抗議中發揮了帶頭作用，他們的目標之一是希望推動政治改革。天安門事件是之前的系列校園抗議浪潮不斷積累的結果，而這些校園抗議，也和一九八九年的抗議一樣，源於一種夾雜著沮喪和渴望的複雜情緒。參加抗議的年輕學生要求更多的個人自由，並對大學生活的方方面面感到失望，從強制性的課間操到校園食堂裡難以下嚥的飯菜。同時，他們還希望大學校長經由公開選舉而產生，而非由黨來指定。一九八六年十二月，這些抗議席捲了中國的很多個城市（最大規模的示威發生在上海），並於一九八七年初結束（當時北京學生發起了一場向天安門廣場行進的元旦遊行）。

一九八八年也出現了一些零星抗議，但抗議運動的真正復甦是在一九八九年四月。學生們原本計畫在當年的五月四日，即中國最偉大的學生運動的八十周年之際，舉行示威活動，但一次偶然的事件卻提前引發了這場抗爭。這個事件就是四月中旬胡耀邦的突然去世。胡耀邦因對一九八六至一九八七年的學潮過於寬容而遭到批判和降職，他成了學生心目中的英雄。

胡耀邦的去世為學生們打開了一扇機會之窗：胡去世的時候仍是一名官員，儘管不是級別最高的，因此國家無法阻止人們自發聚集起來，舉行悼念活動。在表達哀思之外，學生們將悼念活動變成了抗議，他們開始評論時局，認為最羞恥的事莫過於「好人去世，但壞人卻依然活著，並大權在握」。

天安門事件與一九八六至一九八七年學潮的一個關鍵區別是，當這一事件在一九八九年五月達到高潮的時候，它已遠遠超出了學生運動的範疇。當時，最重要的示威活動吸引了來自各行各業的人們，參加遊行的工人尤其眾多，他們被抗議所吸引的部分原因是，儘管學生們高喊「民主」，但他們也同樣不遺餘力地攻擊官員與日俱增的腐敗，並譴責經濟發展的果實未能被全社會共同分享。當時的通貨膨脹居高不下，而變得富裕起來的人只有高幹子弟、或與高層官員有關係的人，因此這種批判立即在整個中國社會引起強烈共鳴。

在學生們發起絕食抗議之後，來自其他階層的支持達到了頂峰。絕食行為有著特殊的力量，因為在當時，大吃大喝已成為官員自肥的象徵。絕食行為還符合「讀書人捨身為國」這一自古以來的中國傳統。許多人認為，與鄧小平及其他中共寡頭相比，絕食者有著更加堅定的為國獻身精神。

在當時最大規模的遊行中，參加者跨越階層的現象比比皆是。在上海和深圳這樣的城市，數萬或數十萬民眾湧上街頭和中心廣場；而在北京，遊行人數一度達到上百萬。因此，幾百名六四死難者中（官方沒有公佈死亡人數，但幾百人可能是較為準確的數字），多數並非學生。對此，我們不應感到驚訝。在北京以及同樣發生屠殺的成都，的確有一些學生遇難，但多數死難者都是工人和其他普通市民。[3]

中國政府為何一直不肯改變對天安門事件的態度？

天安門運動的支持者希望在未來的幾年內，中共政權會重新評價這次事件。一九七六年的「四五運動」與天安門運動類似，它同樣以天安門廣場為中心，同樣部分起因於一位受人敬仰的官員（即周恩來）的去世，同樣最初被定性為「反革命暴亂」。但隨後，在鄧小平上台後，「四五運動」被重新正名為一場「愛國主義」抗爭。八九天安門事件中遇難學生和工人的親屬，以及世界各地的人權活動人士，均在推動中共當局對一九八九年抗議做出類似的重新評價，但迄今仍未成功。

原因之一是，一九七六年「四五運動」之後中共領導層出現了急劇變動，而當前的領導層則沒有。鄧小平一九七八年的重新上台標誌著一個急劇轉折時刻的到來。他可以順理成章地將一九七六年的抗議解讀為支持他最終掌權的一個早熟信號。

六四屠殺所面臨的局勢卻極為不同。當前，中共統治集團內部存在著各式各樣的緊張關係，比如江澤民派系與胡錦濤派系之間的緊張（八九天安門事件期間，胡錦濤在西藏擔任高階官職，西藏當時也出現了動盪局面）。但當前中共領導人的主要支持者、以及許多領導人自身，均與鄧小平以及他的政策密切相關，並自認為是鄧所啟動的改革的繼承者。他們拒絕採取那些被視為否定鄧小平的舉動，因為他們擔心，一旦推而廣之，這些舉動便會削弱自身的統治合法性。

其他共產黨政權的垮台對中國有何影響？

許多人輕易地認為，在上世紀末和本世紀初，信奉馬克思主義的共產主義政權面臨著惡劣的國際環境。這個看法是值得商榷的：一些人聲稱，一九八九年的一系列事件一勞永逸地證明馬克思是錯誤的；而其他人，包括一些在政治光譜中居中或偏右的人士則聲稱，在閱讀或重溫「共產黨宣言」之類的馬克思主義文本之後，他們震驚於馬克思對全球化驚人的預見力。[4] 無論何種情況，國際事務的最近趨勢均表明，即便馬克思主義本身面臨困境，但中共在捍衛有中國特色的馬克思主義信條方面卻變得更加容易。

比如，想一想一九九〇年代所發生的一系列事件。這些事件很好地呼應了中共的主張：強國（Strong State）和對穩定的重視是維護國家利益的不二法門。試圖為該觀點辯護的中共宣傳官員發現，南斯拉夫陷入混亂可謂是天賜福音。

南斯拉夫秩序的瓦解為中共的觀點提供了口實。它指出（大意如此），不論共產主義國家的居民有多麼不滿，他們也不願生活在一個像南斯拉夫這樣的後共產主義國家：這個鐵托曾經統治過的國家被戰爭撕裂，社會陷入動盪。在北約部隊為保護科索沃而採取干預行動之後，中共進一步宣稱，後共產主義時代並不僅僅包括經濟崩潰和四處彌漫的暴力，它還包括國家獨立地位的喪失——在曾經長期遭受帝國主義入侵的中國，這一點尤其戳到了痛處。

一九八九年，中共面臨著一個重大挑戰：抗議浪潮使上百萬民眾走上北京街頭，並湧進天安門廣場；在其他許多城市，數萬至數十萬不等的民眾則聚集在該城市的中心區域。許多人認為，面臨這一挑戰，中共僅能勉強應對。但是，正如我們所看見的，在鄧小平及其他中共元老採取一系列嚴厲措施之後，這個黨存活下來了。具體來說，他們採取的措施包括：下令進行六四屠殺、展開大規模地搜捕行動、罷黜了趙紫陽並將他軟禁。一九八九年的另一個重要事件便是江澤民的崛起。這位當時的上海市委書記立場堅定地反對抗議活動，僅動用有限的武力便恢復了上海的秩序，向中共元老們證明了他的才幹。

一九八九年對鄧小平及其盟友也是充滿挑戰的一年。這一年，匈牙利、羅馬尼亞和其他東歐國家的共產主義政權相繼垮台。這一年，團結工會在波蘭上台執政（它首次贏得選舉的日子便是中共軍隊向天安門廣場上的群眾開槍的日子，六月四日），布拉格發生天鵝絨革命，柏林牆倒塌。儘管蘇聯仍毫髮無損，共產黨依然執政，但它的日子似乎也屈指可數。

面對當時的形勢發展，海外觀察人士普遍認為，背負六四屠殺血債的中共不可能長期執政。當時的口號是，「歷史的終結」已經到來，共產主義國家將很快不復存在。儘管在新世紀的最初幾年中，圍繞上述看法出現了越來越多的反對聲音，人們開始懷疑「列寧主義消亡」這個定律（另一個源自當時西方文獻的字眼）是否會波及北京，但在整個一九九〇年代，許多西方的記者、學界人士和政策制定者都堅信，中共不可能持續存在。[5]

近年來，這一潮流發生了更加明顯的逆轉。如今，許多人都認同這一點：除非發生突發事件，中共很可能會繼續存在一定的時間。事實上，我們現在可以聲稱，套用馬克・吐溫的名言，關於中共的死亡報告被嚴重誇大——中共領導人也許並不介意我們引用馬克·吐溫的這句話，畢竟這位作家曾嚴厲抨擊美國的帝國主義，甚至在其職業生涯早期便寫過一篇社論，呼籲人們關注通商口岸制度的不公。

中國統治者如何避免陷入「列寧主義消亡」之境地？

一九八九年之後，外界曾對中共是否可以存活下去提出過不少質疑，但鄧小平和江澤民在一九九〇年代證明了這種質疑是錯誤的，其中一個原因我們在上文已然提及，那就是中共統治者一直有能力向民眾指出一些前共產主義國家所經歷的創傷。鄧和江在二十一世紀的繼任者繼續依葫蘆畫瓢，同時還變本加厲，突顯和放大非共產主義國家裡的獨裁者或威權統治集團被推翻的一切壞消息。比如，在薩達姆·海珊（Saddam Hussein）政權被顛覆之後，中國官方媒體進行了大量報導，詳細描述此後的伊拉克變得多麼的混亂、危險及紛爭不斷。此外，要瞭解中共統治壽命為何出人意料地長久，還有四個因素值得注意。

首先，中共政權做出了大量的、極富成效的努力，以籠絡中國傳統上難以駕馭的、或特別麻煩的群體，例如企業家，在過去，這個群體不受當局尊重，在治理國家方面也幾乎沒有發言權，他們有不滿情緒，並支持過一九八九年的抗議運動。而如今，中共向這個群體敞開了大門。再如，知識分子，一九八九年之後的中國知識份子能夠接觸到種類繁多的書籍和期刊雜誌，並可以更加自由地走出國門。這有助於他們對中共的不滿降至最低，儘管未完全根除。而之前，正是這些不滿促使他們中的許多人支持天安門抗議。此外，政府也不再對大學校園的日常生活進行細微管理，這同樣降低了學生的不滿，而學生在一九八九年的抗議中起到了至關重要的作用。

其次，一九八九年之後，中共政權推行一種愛國主義的教育策略，強調黨與反帝運動的歷史淵源。中共是藉由國家獨立運動取得執政地位的，這一點類似於當前的其他三個共產黨政權（北韓、越南、古巴），而與一九八九年垮台的許多政權（包括波蘭和匈牙利）不同。

與其他共產黨政權一樣，在把國家從帝國主義之手拯救出來這件事上，中共領導人過分誇大了自身的作用，而對其他團體的貢獻一筆帶過。當前仍在掌權的共產黨政權，幾乎都在辯解它們與民族主義興起的內在關聯。對中共政權來說，只要它覺得需要給自己的合法性增加些成色，就會將黨在抗日戰爭中的作用拿出來慶祝一番。同樣，中國在韓戰中的角色也被拿來做紀念，這場戰爭，被描述為中國努力幫助鄰國政府免遭外國的控制。6

第三，中共政權進行了一系列努力，顯著提高了一些主要城市的生活水準及消費品供應。上世紀末垮台的共產黨政權均沒有做到這一點，這一失敗也促成了其政權的崩潰。人們對一九八九年垮台的共產黨政權的不滿，既出於純粹的政治關切，包括言論自由的受挫，在當時的許多中東歐國家，也源於這樣一種感受：本國政府是外國強加的，即莫斯科的走狗。同樣不可否認的是，物質議題也發揮了作用。例如，東柏林的民眾知道，在柏林牆另一側的西柏林（那裡之前也曾是同座城市的一部分），人們可以到更具吸引力的百貨商店和超市購物。同樣的對比也適用於一九八九年的社會主義上海和資本主義台北，但現在，這種差別已蕩然無存。歐洲的國家社會主義政權聲稱，他們不僅在道德上優於其資本主義競爭對手，還可以在物質上與其相抗衡。但實際上他們並未做到，並付出了慘重代價。毫不夸張地說，中國的領導層在提供物質產品方面，表現得比歐洲共產國家的領導人更加優秀。

第四，中共政權採取了靈活的策略，應對各種新的抗議，有效地防止了新的具有廣泛支持基礎的抗議運動的形成。毛澤東有句名言：「星星之火，可以燎原」。在當前的中國，各種衝突絕非少見，就連中共領導人也承認，每年都有數以萬計的抗議爆發。然而，中共迄今一直成功地掌控著局面，它的祕訣是針對不同類型的動亂採取不同的應對措施，阻止了這些星星之火發展成為燎原之勢。

中國政府如何因應八九年後的各類抗議？

對於某些類型的抗爭，中共當局一直採取嚴厲的措施加以鎮壓，并費盡心機地限制一般民眾知道發生了抗爭事件。然而，對於另外一些抗爭，它則不會採取較為嚴厲的鎮壓行動，反而有時會懲罰某些地方官員，這些官員正是抗爭者批評和反對的對象。[7] 這一點值得我們密切關注，因為西方媒體往往非常關注中國的異議模式和動蕩問題，也因為中國政府究竟會以何種方式應對特定抗議，其決定因素遠非那麼簡單明瞭。

究竟是傾向於全面鎮壓還是不進行全面鎮壓，官方的利害盤算錯綜複雜。同樣複雜的還有：對於發生的騷亂事件，究竟是完全屏蔽資訊，還是僅僅局部屏蔽，也需要作出決定。由於天安門事件的影響，以及一九八〇年代的波蘭等國家所顯示出的跨階層抗議的重要性，中共認識到，如果一場抗議運動，其人員涉及到一個以上的職業或經濟群體，那麼就具有特別的危險性。另一個關鍵因素是異議人士在區域上的分散程度：如果是純粹的地方性事件，如小規模的抗稅運動或社區民眾對新建化學工廠的討論，往往會從輕處理。第三個因素是異議者的組織程度，這個因素既會影響到中共是否會對抗議者做嚴厲處理，也會影響到它對待報導該事件的國內外記者的態度。抗議者之間進行周密協調的證據越少，官方就越可能採取安撫手段，而非實施恐怖打擊——記者也就越有可能被允許報導該事件。

例如，二〇一一年初，當阿拉伯之春抗議運動爆發之時，中國政府迅速採取行動，以確保類似事件不會在中國出現。儘管並沒有足夠的跡象顯示有人籌畫了任何形式的中國版「茉莉花式」抗議，但中共當局還是啟動了廣泛的網路鎮壓，並逮捕了許多人權律師和活動人士，包括著名的藝術家艾未未。中國領導人顯然害怕發生大範圍的抗議運動，擔心這類運動會吸引不同的社會群體參加，進而重演天安門事件。

然而，二〇一一年末，廣東烏坎村所發生的群體性事件則向我們顯示，地方性抗議有時會如何贏得政府的認可而非譴責。烏坎村的共產黨組織成員非法侵佔並賣掉了村民所擁有的土地，卻未能提供公平的補償，對此村民們怨聲載道。隨後，抗議帶頭人薛錦波在刑事拘留期間神祕死亡，加劇了彼此之間的緊張，村民很快將黨的干部驅逐出村。廣東當局最初封鎖了烏坎村，並出動大批武警包圍了村莊，但很快他們便開始與村民談判，並最終達成了解決辦法：允許村民選舉產生一位新的村黨支部書記，政府和抗議者停止對峙。

此外，值得關注的還有三個方面的事實。首先，地理因素會決定中共是採取強硬路線，還是柔性路線。一旦西藏和新疆這些邊疆地區爆發動亂，中共往往會迅速動用武力，這一點確定無疑。在這些地區，漢族人並不是多數族群，此外經濟不滿與民族和宗教問題引發的憤怒相互交織，成為誘發不穩定的溫床。

其次，中共政權在應對某些抗議上相對寬鬆的態度，可被視為一種自信的象徵。加州大學柏克萊分校的政治學者歐博文（Kevin O'Brien）令人信服地指出，媒體頻繁地報導某些抗議事件，並不一定表示政權的虛弱。反之，它也許是政權實力的象徵，預示著政府做好了準備，它不只是承認抗議正在發生，有時候還不加阻攔地允許民眾發洩怒火。[8]

最後，如果抗議者的訴求僅僅是希望中共政權履行對人民的具體承諾，那麼他的目標將最有可能實現。例如，烏坎事件中因政府徵地補償不公而引發的爭端，就可能相對順利地得到解決。但那些追求民主或宗教自由之類的更大、更抽象目標的人們，則往往會遭到逮捕，並被控以「煽動顛覆國家政權」的罪名。

中共為何以及如何鎮壓法輪功運動？

多外國觀察家特別難以理解的是，十多年前中共政權何以對法輪功教派迅速鎮壓；與之類似，中共在鎮壓法輪功的政策上所表現出的決心也令他們困擾。因為即便到了鎮壓開始之時，法輪功群體也從未參與過暴力抗議，並且至少在外人看來，該組織似乎只是一個精神運動，主要進行冥想練習和被稱為氣功的溫和鍛煉。法輪功的首領是李洪志，他廣為人知的、不同尋常的觀點是，聲稱自己擁有類似於西方人眼中的魔法力量，並宣揚一種很多人會稱之為迷信的「科學事實」。儘管如此，該組織卻並沒有自己的政治議程。然而，借助於上一個問題中的分析，我們可以發現，中國政府將法輪功視為一種威脅也並非難以理解。也就是說，法輪功如下幾個特點讓中共感受到了威脅：它的信徒來自各行各業，甚至包括一些中共官員；它在全國各地廣泛流行，許多城市都有法輪功的基層組織；它還展現出一定的協同行動能力。這種能力在一九九九年四月一覽無餘：當時，多達一萬名法輪功修煉人在中國最高領導人辦公的中南海外聚集和靜坐，要求官方停止對該團體的批判。

中共對法輪功的野蠻鎮壓還有其他方面的原因。研究法輪功問題的主要學者、蒙特利爾大學東亞研究中心王大為(David Ownby)強調指出，法輪功對中共構成了意識形態挑戰。他認為，早在法輪功將中共視為一個邪惡組織(鎮壓開始後出現的用語)之前，這種威脅就已經出現。王大為令人信服地辯稱，李洪志對中國傳統和現代「科學」的巧妙結合對中共構成了威脅，因為這是中共的壟斷領地，它聲稱只有透過馬克思的「科學」社會主義，才能實現中國傳統和現代的結合。[9]

如果從另外一個角度看，中共對法輪功的反應應該被視為一種特例。比如在中國帝制時代，有些朝代被千禧宗教運動所削弱或推翻，其中便包括一些最初是靜默型的自助教派。並且，與魅力型人物相聯繫的抗議尤其受到中共的關注，李洪志無疑便是其中的一位。總而言之，中共對法輪功的鎮壓進一步證明了上文所描述的一般模式：跨階層、跨地域、有組織的抗議會受到中共最嚴厲的對待。

現今中國的異議人士有哪些人？

毫無疑問，美國人和其他一些外國人所犯的一個共同錯誤是，認為中國人不是異議者（勇於挑戰政府並最終入獄或流亡的人）就是忠誠者（遵守當局路線的人，不論是出於信仰還是恐懼）。然而，事實上，許多中國人一直以來都處於兩者之間，而這一情況仍將持續。

在中國政治光譜的極為忠誠的一端，有這樣一些人，他們的工作就是支持並促進當前領導人所制定的政策。光譜的另一端，則是一些與當局公開對峙的人，有時他們會組建反對黨，其舉動大膽到讓國家採取措施讓他們噤聲。然而大多數中國人都介於這兩者之間。揮之不去的冷戰思維使人們認為，在社會主義國家中並不存在「批判型知識份子」，但這個群體在今日中國的確存在。他們並不直接挑戰中共權威，但卻對既有秩序的方方面面持批評態度。

許多藝術家和作家在「灰色地帶」行動，在這裡他們扭曲甚至愚弄規則，以規避中國的審查機制，但卻並不與政府公開對抗。相反，他們在自己可以走多遠而不會招致當局打壓這一點上有著深思熟慮的判斷。尤其是，作家們借助於網路的力量，可以無須透過官方出版管道傳播其作品。還有部分作家，像小說家和散文家余華（1960–），在港台出版他們具有爭議性的作品，或者在外國的出版品上用英文發表自己最具挑戰性的文章，這樣他們在大陸依然可以自由生活。[10]

中國還有一群通常在體制內工作的維權律師，他們會接下民眾的案子，和地方官員的特定濫用權力的行為相抗爭。此外，還有許多關注單一議題的NGO組織，它們公佈政府在愛滋病和環保等議題上的一些有缺陷的政策，但並不主張對政府進行任何激進的變革。一個典型例子就是自學成才的盲人「赤腳律師」陳光誠（1971–），他提出訴訟、並組織人們反對計畫生育政策中的強制墮胎行為和其他極端做法。二〇〇六年至二〇一〇年，陳光誠遭到關押，出獄後一直被變相軟禁，直至二〇一二年四月他從家中逃離並進入美國駐中國大使館時為止。儘管中國政府最終允許他離開中國，並隨後被紐約大學法學院招收為一名特殊的學生，但陳一直表示，他希望回到中國並繼續他的工作。

前衛藝術家艾未未（1957–）也許更加符合西方人眼中的傳統異議者形象。艾未未曾在紐約生活了十多年，並於一九九三年返回中國。他似乎熱衷於挑釁中國政府。艾未未曾擔任北京奧運會「鳥巢」體育場的藝術顧問，後來他卻反對這項工程並譴責奧運會成了中共的宣傳工具。然而，最令中國政府不滿的是，二〇〇八年汶川地震後，他開始對五千多名遇難學生的死亡情況展開調查，這些學生的遇難與品質低劣的學校建築有關。艾未未在他的部落格上列出遇難學生的名單，但很快被當局關閉。二〇一一年春天，安全人員逮捕了艾未未，指控他犯有「經濟罪行」（後來被控逃稅）。在關押兩個多月後，艾未未被允許回到北京的家中，但仍處於監控之下，並被禁止出國。

二〇一二年，當莫言（1955-）被授予諾貝爾文學獎的時候，一些評論家將他和艾未未的職業生涯進行對比，斥責瑞典諾貝爾獎評審委員會做出了一個愚蠢的選擇。他們聲稱，艾未未的藝術挑戰了國家，而莫言的作品卻支持國家。艾未未受到審查和欺淩，莫言卻受到讚美並擔任官方性質的中國作家協會的副主席。二人有著極為明顯的區別，這一點在莫言獲獎後的一些聲明中也有所凸顯，比如，莫言聲稱審查對藝術家有益而非有害。然而，同樣值得注意的是，莫言的一些作品至少試探性地轉向了「灰色地帶」，即便沒有余華那般大膽（余華是中國作家協會成員，但並非副主席）。莫並不是「異議人士」，但他的著作並不乏社會批判元素。莫言辛辣地嘲諷政府腐敗對社群的腐蝕效應，儘管他只把矛頭指向地方官員——這遠比批判中央官員來得安全。[11]莫言的寫作一直保持在足夠安全的地帶，以至於中共領導層 對其獲得諾貝爾文學獎表示祝賀。與之相比，中國另一位諾貝爾獎得主劉曉波的遭遇則有著天淵之別。

劉曉波是誰？

在二〇一〇年十月劉曉波（1955– ）被授予諾貝爾和平獎之後，許多西方人才第一次聽到這個名字。在此之前的二十年間，他一直是身在中國的一位活動人士。一九八〇年代，劉曉波是中國學術界的一顆新星，以其在文學批評方面的開創性表現而聲名鵲起。然而，當他加入天安門抗議並成為希望和平撤離天安門廣場的溫和派領袖之後，他的學術生涯走到了盡頭。在六四屠殺後不久，劉曉波被逮捕並入獄近二年的時間。出獄後，他依然不改初衷，成為一位直言不諱的政治活動家和作家，並多次遭到逮捕和軟禁。二〇〇九年十二月二十五日，他因「煽動顛覆國家政權罪」被判處十一年刑期，該指控所依據的理由是他在起草「零八憲章」中所扮演的角色。劉和其他異議人士從哈威爾（Václav Havel）的「七七憲章」中得到啟發，起草了「零八憲章」，呼籲政府推進民主改革、司法獨立和言論自由。這份文件在網路上四處流傳，並徵集到數以千計的簽名。

劉曉波是首位獲得諾貝爾獎的中華人民共和國公民，中國政府卻對這個消息全然沒有喜悅之情。相反，中共當局對諾貝爾和平獎嚴厲譴責，而中國和挪威之間的關係也迅速降到冰點（儘管諾貝爾獎委員會是一個獨立組織，並不受挪威政府的控制）。與中國關係密切的其他十九個國家，包括俄羅斯、古巴、伊拉克和委內瑞拉，共同杯葛在奧斯陸舉行的頒獎典禮。中國則拒絕劉曉波的妻子劉霞及其朋友們出境，阻止他們以劉曉波的名義參加典禮。在諾貝爾獎委員會主席宣讀完劉曉波的頒獎詞後，觀眾們則站起身來，對著一把空椅子長時間鼓掌，那把椅子本應是由劉曉波坐的。

網路在政治異議中起到什麼作用？

人們很容易將中國的網路世界想像成一個政治異議的溫床，尤其考慮到中國政府有時會全神貫注地、往往以一種笨拙的方式消除掉各種它們認為是不和諧的聲音。然而對許多中國年輕人而言——也許絕大多數——網路僅僅是一個娛樂的場所：在這裡，他們可以與朋友聊天、可以購物、可以玩遊戲到深夜（這使媒體上出現了大量關於網癮危害的文章）。儘管中國網路上並不乏一些敢於直言的、知名的部落客，如身兼賽車手和作家身份的韓寒（1982–），他也許是全世界讀者最多的部落客——但許多其他網民卻對推動政治變革興趣索然。當然，這些網民依舊熱衷於對他們感興趣的話題發表看法，並追蹤他們認為重要的事件。

但批判性的聲音往往會在微博上擴散，並招致當局的譴責。微博是一個類似於推特的社交網路。用戶們往往在上面發佈各種關於官員腐敗和瀆職的資訊，在這些內容被其他使用者獲取之前，中國政府的網路審查員會迅速將之刪除。儘管有傳言說政府雇傭了數以萬計的網路審查員，但刪除微博上的資訊就類似於打地鼠遊戲：剛刪完一個，另一個就又會在其他地方冒出來。並且，儘管審查員可以屏蔽掉特定的字眼，但用戶卻擅於找到政府視為無害的同音字來規避之。於是，便會出現這樣的情形：一名用戶在微博上抱怨說他不喜歡河蟹，資深網民便立即心領神會，知道他真正的意圖是批評「和諧社會」——胡錦濤當政期間的招牌性政績。

中國的數位落差意味著什麼？

人們普遍提到「數位落差」（Digital Divide）的存在，這種落差將網路用戶與非網路用戶分隔開來。當然，數位落差持續存在於世界各地，並被進一步描述為，比如，一部分人擁有筆記型電腦和快速網路接入，另一部分人僅可以透過網咖來上網，還有一部分人僅能偶爾接觸到電腦，網速還很慢。

然而，「數位落差」在中國還有另一層含義，原因是政府建立起一套複雜精密的審查機制——有人稱之為「中國的防火長城」，有人稱之為「網路保姆」。這套審查機制致力於屏蔽某些網站，並確保含有敏感字的搜索不會產生任何結果，或搜索後僅僅得到政府認可的資訊。

比如，搜索「六四」這個字眼你將很可能一無所獲；對「天安門」的搜索則會將你帶到天安門廣場的官方網站，而不是包含一九八九年學生廣場宣言的海外網站。儘管如此，人們還是有辦法繞過「防火長城」並挫敗這些「網路保姆」。這些方法包括使用代理伺服器和虛擬私人網路（VPN）——在某種意義上，這些工具使得位於中國境內的電腦看起來像是來自境外。這就在中國的網路使用者中製造出極大的落差，將精通這些技術的人與其他人分隔開來。

此外，在所謂的批判性網民和非批判性網民之間，也存在著落差，但它並不那麼絕對。一些網民並不會過多思考網路資訊的性質，也不會關心這些資訊究竟是強化還是挑戰了官方觀點。然而，還有一部分讀者和作家，他們之所以去拜訪中國受到監控的網路，很大程度上是為了傳遞或消費另一種對時局的看法。他們對自己的挑釁性評論至少可以在網路上短暫保留而深感自豪，因為這些評論有著巧妙的措辭，如以「河蟹」指代「和諧」，以現實中並不存在的日期「五月三十五日」暗示六月四日，自從一九八九年屠殺發生以來，這個日期便一直是中國媒體的禁區。韓寒是個精心編造各種令人費解的、諷刺的、或充滿隱喻的帖文的高手，這些貼文之所以能夠至少短暫地保留，是因為審查者並不確定他到底說了些什麼。例如，當劉曉波獲得諾貝爾和平獎的時候，韓寒只是寫下了兩個耐人尋味的引號，引號中間是空白。許多讀者最後認為，這意味著韓寒原本有很多話要說，但沒有一句話會被允許。他的另一個貼文也許會使美國讀者想到政治諷刺家斯蒂芬·科爾伯特（Stephen Colbert）所擅長的虛假辯論（Faux Polemic）技巧。在這篇貼文中，對於充滿爭議的三峽大壩，韓寒卻以他特有的風格讚美了它的優點，對資深讀者來說，文章明白無誤地傳達出他對水壩的環境影響和其他問題的嚴重關切。

對於韓寒，或與之風格相近的作家而言，中國的網路上有數百萬名這樣的讀者：他們也許並不親自從事文字遊戲或發表隱晦的政治評論，但卻享受在網路上閱讀它們所帶來的滿足感。這有助於解釋韓寒的超級人氣，雖然他作為一位成功的賽車手和小說家的名人身份、以及他英俊的容貌也起到了部分作用——這一切都使他頻繁地登上雜誌的封面。當他的貼文被刪除時，就像微博上被抹去的資訊一樣，它們又往往會在其他網站出現。這種轉發行為也許是那些從未或很少在網路上寫文章的人所為，它模糊了一個界限，使得網路上挑戰性內容的生產者和消費者難以分辨。

中國的防火長城是全球獨一無二的嗎？

中國政府的網路政策，就像它在新疆等地的邊疆政策一樣，會導致人們誇大中華人民共和國網路政策的獨特性。這種關於中國的網路政策全球獨一無二的想像，部分地源於其命名法。「中國防火長城」是一個巧妙的用語，它使「長城」這個中國最知名的地標在修辭上出現了微妙的扭曲。並非只有西方評論員才使用「防火長城」這個字眼，許多中國部落客也一直在拿這個用語開玩笑，他們試圖規避審查是如此的頻繁，以至於「翻牆者」的稱呼和形象在二〇〇九年的中國網路世界可謂盛極一時。[14] 儘管如此，如果我們被這個用語所誤導，以至於認為中國政府對待網路的方式全球獨此一家，別無分店，那麼我們就是誤入歧途。

事實上，許多政權都對國內民眾能夠訪問到的網路內容施加限制，伊朗政府就是一個很好的例子。中伊兩國部落客之間的相似性，之前我們已有所提及。然而在二〇〇九年六月，中伊兩國網路控制的相似性卻變得格外明顯。六月初，中國官員試圖限制民眾在網路上討論六四事件的二十周年紀念，月底，則發生了伊朗當局封殺推特這樣的社交媒體的行動，後者大體上採取了與中國政府相近的策略，但在複雜、精細及速度上均不及中共當局，因此，在很大程度上，它試圖阻止「綠色革命」資訊擴散的努力並不成功。[15]

非威權型的政府也同樣試圖限制人們的網路表達、限制某些特定類別的交流，如往往是一些「色情內容」。雖然中共政權用來削弱網路的某些措施的確與眾不同，但它並非沒有同路人。這就是為何我更傾向於使用「網路保姆」（Net Manny）這個用語的原因，這個詞會促使我們意識到：很多國家都將大量的精力用於使網路用戶訪問政府所偏好的網站，並使之避開被國家視為「有害的」網路行為模式，如新加坡、沙烏地阿拉伯等等，而中國只是這一系列國家中的一員。16

二〇〇八年奧運為何對中國意義重大？

大型慶典，包括十年一次的國慶閱兵（最近一次是在二〇〇九年），一直以來在中國的政治生活中發揮著重要作用。近年來，中國政府注重舉辦富有影響力的國際盛會，從領導人峰會、電影節到大型體育賽事不一而足，這些盛會使世界各地的人們來到中國。其中規模最大的當屬北京奧運會。

二〇〇一年，北京申辦二〇〇八年奧運會成功的消息使中國政府歡呼雀躍。中國民眾也對北京奧運會抱有極大的興奮，因為許多中國人知道奧運會是目前全世界最吸引人關注的重大賽事，尤其是夏季奧運會，可以為舉辦國贏得極大的國際聲望。

但是，奧運會的籌備工作卻並不總是受到民眾的歡迎。比如，奧運場館的大規模建設需要許多北京的本地居民遷出中心城區。當居民們感到政府的補償合理、且替代的住所環境更加優越的時候，他們就會樂於搬遷。然而，一些人還是會覺得補償條件過於苛刻，或傷感於不得不放棄熟悉的鄰里關係和充滿記憶的老屋。開發商往往被指責採取恐嚇手段並利用官方關係獲得不公平的交易優勢。北京也盡其所能地努力升級其地面交通系統，並建成了一個全新的、設施一流的機場。

舉辦奧運向我們揭示了中國的哪些資訊？

以非同尋常的規格精心籌備北京奧運會和包括二〇一〇年上海世博會（被譽為「經濟奧運」）在內的各項國際活動，表明中國對大型活動有著一種非同尋常的關注。然而，這對於正在全球權力格局中快速崛起的國家來說是一種普遍現象。美國便是如此，它在一八七六年舉辦了費城百年博覽會，這是北美首次舉辦世界博覽會；並在二十世紀初開始舉辦奧運會。

關於世界博覽會和夏季奧運會最重要的一般性看法是，它們往往具有一種象徵性的效應，以經濟發展水準、軍事實力的強弱、對全球秩序的融入程度或以上三者的結合為標準，將國家劃分為不同的類型，而那些被認為有能力舉辦這些大型盛會的國家則位於金字塔的頂端。世界博覽會曾經是支配性的國際盛會，但隨著電視的崛起以及對比賽報導的電子化，奧運會已迎頭趕上並取而代之。

當世界博覽會居支配地位的時候，它往往在西歐主要帝國的首都上演，這並不僅僅是巧合。一八五五年至一九〇〇年，巴黎舉辦了四屆，而倫敦則舉辦了最初三屆中的兩屆。當首批主要的國際展覽會走出歐洲之際，有數次均落腳美國，這也並非巧合。當時，美國的工業化快速發展，城市化水準日益提高，並開始在全球舞台強有力地發出自己的聲音。如今的中國與之類似。

中國舉辦奧運會的夢想可以追溯到二十世紀初。同樣地，舉辦世界博覽會的夢想也可以追溯到那個時候，一九〇二年，梁啟超發表政治小說《新中國未來記》，便虛構了一九六二年「上海大博覽會」的盛景。同樣，中國培養本國的運動員，並贏得奧運獎牌的夢想也可以追溯到很久之前。

贏得奧運獎牌的夢想，其重要性還與一種政治關切緊密相聯：即強烈希望中華民族甩掉「東亞病夫」這頂帽子——「東亞病夫」一詞，與之前奧斯曼帝國「歐洲病夫」的綽號遙相呼應。中國的這種積貧積弱形象，隨著清王朝陸續敗於軍事上佔優勢的西方強權和東亞的近鄰日本，成了中國所有政治派別的民族主義者急於擺脫的一個符號。

毛澤東和蔣介石的早期著作中，都強調體育教育，毛在其生命晚期，更有幾次聲名遠播的游泳橫渡長江，公開展示出自身的耐力，這些舉動均與擺脫東亞病夫稱號的希望不無關聯。因此，對奧運榮耀的不懈追求，無論是贏得大量的獎牌，還是贏得奧運會主辦權，都部分地傳達出中國的一種強烈希望，那就是將「中國是一個弱國」這樣一種縈繞不散的感覺徹底拋諸腦後。

主辦大型盛會對中國會持續地具有重要性嗎？

後奧運時期的中國仍是一個經常舉辦大型國際盛會的國家，這一局面有可能保持下去。一些人已經提出這樣的可能性：中國將在接下來的幾十年中尋求再次舉辦奧運會。還有傳言說，中國試圖申辦世界盃——當前影響力僅次於奧運會的一項全球賽事。

諸如此類的大型活動都由國際組織贊助，它們在一定程度上支撐起這樣一種願景：中國曾經是一個強大的國家，在低迷一段時間之後，現在已再次崛起，回到它所應有的地位。這種願景部分基於官方的虛構，但也部分基於有形的現實。它們表明，中國已不再僅僅是十九世紀大型世界博覽會上那個微不足道的國家——當時中國被視為一個「落後」國家，只能展現它「具有異國情調的」文化，而不是一個應當展示其最新機器和大砲的「現代」國家；而現在，它已有能力在二十一世紀舉辦那些廣受矚目的、展示國家地位的奢華表演。

中國政府還投資於太空項目，試圖進一步確認其新的全球地位。儘管中國直到二〇〇三年才首次開始載人太空飛行，但它已經計畫興建一個永久空間站，並計畫將宇航員送到月球。而數十年來在太空探索領域的主要參與者美國和俄國，同一時期卻在縮減其太空計畫。日前來看，中國領導層似乎樂於投入必要的資金，利用十年或二十年的時間將中國打造成太空領域的全球領先者。

什麼是「一胎化政策」？

在西方，「一胎化政策」往往被用來指稱中國一九七九年之後的出生控制計畫。「一胎化政策」的說法帶有某種誤導性——因此我在提到它的時候會加上引號。

這種誤導源於兩方面的原因。一個原因是總會有例外情況存在，一些非漢族的夫婦會被允許生一個以上的孩子，在大多數時間內「一胎化政策」不適用於他們。另一個原因是，這個政策並非一個有著實施總體規劃的統一全國政策，而是一種為了實現人口控制目標所進行的多方面努力。其中，地方官員往往被要求自行採取措施來控制人口的增長。

這個政策的基本目標很簡單：確保大多數夫妻只生育一個或最多兩個孩子，以此來限制中國家庭的人口規模。多種方法被用來實現這個目標，如開展密集的宣傳活動，如向已經育有一個或兩個孩子的人們施加壓力，阻止他們再次生育。

出於多方面的原因，該政策註定會在西方引發批評——尤其是在美國，因為美國在墮胎問題上的辯論一直火藥味十足。一些人口學家曾對中國的政策提出質疑，即便中國的嬰兒潮一代在一九七〇年代末和一九八〇年代會步入生育期（毛澤東曾宣稱，中國的偉大力量就在於它眾多的人口），但為了控制人口，是否需要採取如此嚴厲的政策。近年來，中國在人口出生率政策上已出現了某種鬆動跡象，這是因為擔心人口日益老齡化而引發勞力短缺問題。

此外，中國從事「一胎化政策」的工作人員將之當作終止意外懷孕的一種普通方法，這激怒了國際上反對墮胎的團體——反墮胎團體在美國非常重要，他們雖是少數派但聲音卻異常響亮。在中國，地方官員必須確保在他的轄區內不能超出嚴苛的生育控制配額。這種壓力導致從一開始便不可避免地存在這種情況：年輕女性被迫以不適當的方式終止妊娠，甚至遭到威逼、或被強制墮胎。

許多美國人往往對這樣一種場景深惡痛絕：在這裡，政府非常深地介入被認為是高度私人性質的問題，比如工作單位會安插「例假員警」來監控女性員工是否處於經期，比如官僚會越俎代庖，就何時組建家庭、生育幾個孩子等問題作出決定。伴隨著「一胎化政策」的出台，一些宣傳品中還出現了另外一種聲音，主張既要少生、更要優生，這本是一種不足採信的觀點，儘管這種主張被中國五十五個官方承認的少數民族所享有的生育豁免權部分抵消。

中國鼓勵溺殺女嬰以限制人口規模嗎？

不是這樣的——儘管有的時候美國人會錯誤地這麼認為。一九八〇年代初，溺殺女嬰的現象的確死灰復燃（該現象在共產革命前的中國廣為人知，但一九四九年之後快速消失），同時還出現了基於性別選擇的墮胎，這些父母執意要生個兒子。這兩種現象結合起來，使一些農村地區出現了性別比例失調，在童年時代早期便夭折的女孩遠超過男孩——中國許多有識之士認為，該現象不僅充滿了道德困擾，還可能帶來深遠的社會後果，因為許多年輕男性由於缺乏潛在的結婚伴侶而會備受挫折。[19]

當溺殺女嬰和基於性別選擇的墮胎在美國被認為是中國「一胎化政策」的一部分的時候，誤解開始出現。但這遠非事實。這些行為，以及丈夫（或婆家人）對女性的虐待（僅僅因為她們生的是女兒而非兒子），最好被視為對「一胎化政策」的抵抗。畢竟，該政策的一個主要原則是，無論生育一個女孩還是一個男孩，父母都應該同樣高興，正如許多宣傳海報所顯示的，它們經常用幸福的獨生女來讚美小家庭的溫馨。[20]

如果家庭成員對女童面露不悅，或在最極端的情況下結束女嬰的生命時，他們便違反了——而非符合——來自上面的指令。由於未能採取足夠的措施以消除人們對男孩的偏好，中國政府也可能動輒得咎，而一些近年來的政策在不經意間強化了這種偏好。其中最值得注意的一點是，隨著中國農業日益變得私有化（指農民承包土地制度），而農村的慣例依舊是新娘在婚後遷往夫家（一九五〇年代的新婚姻法並未改變這一點），因此生育男孩便有著強大的經濟誘因，可以透過婚姻為家庭帶來新的勞力。另一方面，對女性來說，一旦結婚離開娘家也就同時帶走了她的勞動能力，最終得益的是她的夫家而非自己的父母。因此，我們可以說，中國當局原本可以做出更多的努力使溺殺女嬰的現象降至最低，或政府採取的政策不經意間導致了溺殺女嬰現象的增加，而很難說，殺害女嬰是政府政策的一個組成部分。這兩種觀點之間，依然存在區別。

當代中國絕對是獨一無二的嗎？

對中國目前混合式的政經體制無法作出簡單的歸類，中國在後毛澤東時期以及（更大程度上）後天安門時期的發展軌跡似乎打破了歷史發展的若干基本規律。之前，人類社會從未在如此浩大的格局內發生如此快速的工業化和城市化進程。這使得中國的崛起看起來全然不同於它周邊的亞洲國家所經歷過的快速增長，例如新加坡。

此外，其他的共產國家從未經歷過像中國那樣近乎失控的經濟增長。這使得中共政權不僅有別於上世紀垮台的許多國家社會主義政權，還有別於當前依舊存在的那些共產黨政權，如經濟表現一塌糊塗的北韓，以及古巴和越南（後兩者的表現均優於北韓政權，但仍未經歷中國那樣連續多年的高速經濟增長）。

甚至，非常特殊的一點是，中國的案例也模糊了「資本主義/社會主義」的分類標準。例如，包括瑞典等斯堪的納維亞國家在內的許多國家，可以被恰當地描述為結合了「資本主義」和「社會主義」的要素。還有許多國家（包括美國在內），其政府部門和私人部門之間的界限可以變得非常模糊，部分原因在於，其行政官員離職後往往會擔任私部門的行業顧問。不過，在當前的中國，要在它的「資本主義」部分和「社會主義」部分、「官僚」部門和「企業」部門之間作出明確區分，顯得尤為棘手。

這是因為，雖然中國的經濟繁榮由創業活動和外國投資所驅動的，但大型國有企業不僅依然運營，而且一直是中國整體經濟中的一股主要力量。甚至，人們有所耳聞的許多新的「私人」公司事實上由中共領導人的子女所經營，一些豪華的飯店——它們似乎代表著反資本主義的毛主義國家已經退居幕後——則是曾經在毛的率領下取得勝利的中國人民解放軍所創辦。[21]

認為中國是「裙帶資本主義」(Crony Capitalism)國家的觀點有一定的適用性。「裙帶資本主義」曾用來描述某些拉美國家和特定時期的印度。然而，這個術語似乎也沒有完全「撓到癢處」(借用一句中國俗語)，無法準確歸納中國當前的特徵。[22]

借用哥倫比亞大學政治系黎安友教授的說法，中國是一個它的領導人遵循著一種調適性威權主義(Adaptive Authoritarianism，)的國家，這種看法也同樣在某種程度上有其適用性，也使得中國與某些國家歸於一類，如普廷(Vladimir Putin)領導下的俄羅斯。美國《新聞週刊》亞洲高級編輯威廉·J.道布森(William J. Dobson)二〇一一年出版了《獨裁者的學習曲線：全球民主之戰的內幕》一書，所關注的焦點便是俄羅斯。這本書所強調的是，當前的威權政治人物怎樣透過新媒體，並採取一種務實的、往往曖昧的意識形態路線以保住他的權力。然而，中國的不同之處在於，道布森所關注的許多國家均由超凡魅力型人物所統治，但近年來的中國領導人，尤其是刻板的胡錦濤，卻絕非這種類型。

鑒於上述說法的矛盾和困惑之處，鑒於對中國劃入哪一種常規的國家類型所面臨的困難，很容易想見為何許多分析家認為，對中國特徵的最佳歸納便只能是創造一些新的術語，以強調其不同尋常的面向。比如，《紐約時報》專欄作家紀思道（Nicholas Kristof）便創造了一個新的術語「市場列寧主義」（Market-Leninism），另一些政治學家則將中國稱為「具有中國特色的資本主義」，從而戲仿、戲虐了官方「有中國特色的社會主義」之說辭。[23]這些術語都有它們的價值，但卻有著過度誇大中國特異性（Exoticness）的危險。把多種元素精準地混合在一起，這的確使中國的發展軌跡自成一格，但這個國家的許多經歷依然與其他國家已經發生或正在發生的事情具有相似性。

中國與其他國家有何共同之處？

許多現象表明，強調中國的「獨特性」而忽視與其他國家的共通性，既充滿了誘惑，又隱含著問題。例如，考慮一下人們通常如何將中國和印度放在一起討論。這兩個國家往往被拿來作對比，因為印度被習慣性地描述為世界上最大的民主國家，它實行聯邦體制，各邦享有很大的自治權，而中國並不實施選舉。「龍」和「象」的發展路徑被認為代表著兩種非常不同的方向。

然而，作為亞洲乃至世界上人口最多的兩個國家，中印在許多方面的經歷都可以進行比較，以凸顯兩國的相似之處，並進而相互看清彼此。與印度一樣，中國也是在一九四〇年代成為一個現代形式上的民族國家，並且在一九五〇年代，實施經濟五年計畫是兩國的共同做法。到一九六〇年代，儘管冷戰將世界劃分為共產主義世界和自由世界的二元格局，但中印兩國領導人均試圖為自己的國家爭取一定的空間，以擺脫美蘇兩大超級強權的陰影。接著，在一九七〇年代末，兩國都尋求一種獨特的發展路徑，並且雙方領導人均不約而同地對新加坡模式產生了濃厚興趣。儘管作為城市國家的新加坡和中印之間在規模上可以說具有天壤之別，但新加坡也經歷過帝國主義統治之苦，並在獨立之後迎來了經濟繁榮。

一旦中印兩國被認為除了特性之外，它們還具有許多重要的共性，那麼一方的發展便可以給另一方帶來啟示。例如，中國人對大型盛會感興趣，以此向世界展示中國已不再是一個「落後」國家。印度也有著類似的舉動。新德里舉辦了二〇一〇年英聯邦運動會，這是一次猶如奧運會般的大型盛會。在開幕前，印度也實施了一項雄心勃勃的都市發展計畫，儘管並不像中國那般耗資巨大、過度誇張，卻仍使人聯想起北京奧運會開幕前的籌備工作。在北京奧運會取得成功之際，印度媒體上出現了許多充滿神傷和憂慮的文字，因為印度人擔心他們可能無力舉辦一場同樣完美的盛會。然而，這進一步凸顯了兩國相似的抱負，那就是透過引人注目的行為來擺脫西方帝國支配世界以來便揮之不去的落後感。

另外，在其他一些主題上，強調中印兩國的相似性而非差異不無裨益。例如，面對二〇〇九年七月新疆爆發的暴力事件，近年來一直擔任《印度教徒報》（The Hindu）駐北京主管的印度記者帕拉維．艾雅爾（Pallavi Aiyar）就認為，該事件往往被西方媒體當作「一個壓迫性的獨裁政權與熱愛自由的無辜民眾之間對峙的最新證據」被「端上檯面」。這一衝突事件導致一百八十人死亡，其中漢人遇難的人數多於維吾爾人。在艾雅爾看來，這一敘事框架「完全合乎西方福音派對中國政治變革開出的藥方」，但是「將此次騷亂主要解讀為國家和公民之間的對決則是一個誤導」。更加恰當的做法是，將這次騷亂歸結於一種宗教因素夾雜其間的不同民族間的公共暴力事件，印度許多地區的民眾近年來對這種類型的事件已經是司空見慣了。

下面是二〇〇九年七月暴力事件發生前後艾雅爾所作的思路清晰、簡明扼要的事件剖析，她擺脫了為人所詬病的冷戰式歸類法，從而接近了事實真相：

> 在新疆，本土的維吾爾人抱怨占人口多數的漢人對他們充滿了歧視和種族偏見。反過來，漢人則認為維吾爾人是一個養尊處優、忘恩負義的民族。一次相對較小的意外事件……引爆了兩個民族之間充滿緊張的火藥桶。維吾爾人的騷亂引發了漢人瘋狂的報復。多年來和平相處的兩個民族，突然之間開始以懷疑的眼光看待對方。

顯然，在她看來，這是印度國內的少數族群與多數族群之間的尖銳而明顯的衝突之中國迴響。[24]

艾雅爾並未掩蓋北京的政策在惡化局勢上的推波助瀾作用，包括那些有助於生活在此地的漢人更快致富的經濟政策。然而她堅持認為，以印度所熟悉的視角觀之，忽視這次騷亂的公眾暴力的一面，便會錯過它最為本質的特點。她還指出，當印度發生穆斯林和非穆斯林之間的暴力事件時，國家對後者的支持力度甚至會超過北京對新疆漢人的支持。在緊隨二〇〇九年七月暴力事件而來的鎮壓行動中，遭到逮捕的維吾爾「暴徒」比漢人「暴徒」更多，這當然是討論該問題時需要重點考慮的一個事實，但它只不過為艾雅爾的敘述框架增加了一個新的維度，而非削弱了它的價值。

由於其獨特的歷史以及龐大的人口規模（只有印度的人口可與之比肩），中國總是在一些方面表現得獨一無二。在某種程度上，中國的政治道路也與任何國家不盡相同。然而，為了認請中國當前的局勢，我們需要平衡考量它與其他國家的相似性和差異性。並且，美國人應該認識到，世界上有一個國家與今日的中國有著重要的共同之處，正如我們將在第五章中看到的，這個國家就是美國自己。

5 — US-China Misunderstandings 美中誤解

美國人最常誤解中國的是什麼?

在前面幾章中,我們已經請讀者注意,導致美國人對中國現實的誤解其實有一些重要的根源。比如,在對「獨生子女」政策的討論中,我們注意到,美國人傾向於將中國政府所推行政策的意想不到的副作用視為政策本身的一部分,這種傾向也體現在其它議題上。而對天安門事件的評論則表明,距離今日並不久遠的歷史事件,在某些情況下是如何被曲解的。美國人還傾向於接受「中國擁有五千年文明史」這一流傳甚廣的說法,將它當作一個簡單的事實,認為中國文明持續存在且相對不變。這在一定程度上也是中國官方聲明和大肆宣傳的結果。

然而在這裡,我們需要進一步探討的,則是美國對中國最根深蒂固和最持續不斷的誤解,那就是美國人對中國多樣性的理解過於有限。這種誤解使他們對中國持有如下看法:中國人都非常相像,或至少可用二分法將其整齊地劃分為一大群人和除此以外的一小群人。這方面的例子有很多,如人們錯誤地認為,在政治方面,中國人不是「忠誠者」便是「異議者」。但是,中國也有很多其他領域，這種假想中的同質化或二元化劃分的現象，其實並不存在。

中國的多樣性為何遭到忽略？

認為中國同質化的錯誤觀點可以追溯到幾百年前。從馬可·波羅時代直至二戰期間，西方民眾長期接觸到的書籍和影像資料將中國描繪為這樣一片土地：它的人民面目可憎、沒有個性、基本上都無足輕重，而且全都對外國人充滿了敵意。尤其是早幾個世代的歐洲人和美國人，他們週期性地受到該觀念的一種較為正面的變種所影響，這種觀念經由電影《大地》(The Good Earth)的表現而成就了電影界的一個輝煌。在這部影片中，中國被描述為由一個接一個的村莊組成的國家，村民們貧窮而勤勞，然而很大程度上籍籍無名。[1]

在冷戰(1949–1989)的頭十年間，美國關於中國同質化的論調重獲新生。當時，對二戰中日本的印象——一個軍國主義的國家，每個國民都服從於當政的戰爭狂人的政治理想——被徑直轉移到中國身上，而作為美國盟友的日本，則被認為是一個多樣化的和平國家。由於西方媒體對韓戰和文化大革命的報導，「中國」一詞在西方人心目中開始與千篇一律的男女形象聯繫起來，他們都穿著藍色的「中山裝」（Mao suits），不加思索地遵照並執行來自共產黨的指令。這種關於中國人整齊劃一的看法，在《毛澤東：藍蟻帝王》（Mao Tse-tung: Emperor of the Blue Ants）一類的書籍中表現得淋漓盡致。當然，這種看法部分源於中國政府，它當時試圖建立一個人人都大致相同的國家，而這在國際上招致了明顯的負面評價。

近幾十年來，新聞報導開始強調中國內部的差異性，這挑戰了關於中國同質化的看法。然而，這類報導的嘗試雖然有益，但僅僅是偶一為之的和不充分的，雖然不再簡單地將全體中國人歸入一個陣營，卻認為他們分屬兩個群體。如許多知識份子可以同時歸入許多不同的類型，但這些報導卻認為他們只能在「異議者」和「忠誠者」之間擇其一。儘管如此，《毛澤東：藍蟻帝王》一書中關於中國整齊劃一的論調，還要經歷一個很長的半衰期，一九九九年的「五八事件」便集中反映了這一點。當時，學生們走上街頭，對北約砲彈擊中貝爾格勒中華人民共和國駐南斯拉夫大使館的行為表示憤慨。一些西方評論人士把這種行為稱為一種新式的「義和拳主義」（Boxerism），一家持保守派立場的美國雜誌卻把抗議者比喻成《星際迷航》（Star Trek）宇宙中的博格人（Borg）——一個由不具備獨立思考能力的半生物半機械生化人所構成的實體。[2]

事實上，當年的街頭抗議者參加示威的理由五花八門。他們表達憤怒的方式有些受到政府的支援，有些被政府所反對。比如，一些人呼籲杯葛美國商品，而官方發言人則堅持認為不應杯葛。中國政府試圖對抗議活動加以引導，使之服務於共產黨的目標，對官方的這種努力，抗議者有時服從，有時抵制。學生們所表現出的可操控性遠遠不能令當局滿意，於是中國政府迅速採取措施將學生們從街頭遣散，使其重返課堂，以免他們除了談論北約的行為之外，還會評論與政府失職相關的話題。[3]

中國的族群呈現怎樣的畫面？

美國人往往忽視中國內部多樣性的一個原因是，在美國國內關於異質性和同質性的討論中，族群和種族問題佔有很大分量。而中國，據說其百分之九十的人口都是漢族。

在某些具體方面，我們可以確切地說，中國與其它大國相比，具有較低的異質性。它既沒有印度令人眼花繚亂的多樣化宗教，也沒有印尼紛繁複雜的語言變種，也不像美國那樣，許多國民的父母、祖父母或曾祖父母來自遙遠的異國他鄉。但，「中國在特定方面不如其他國家那樣多樣化」與「中國人基本上屬於同一類型」，這兩種說法之間還是存在著巨大的差異。甚至在討論民族問題時，哪怕是認為中國在民族方面具有相對同質性的假設很大程度上也是一種誤導。

即使我們接受漢族人口高達百分之九十這一說法——這個數字值得懷疑。在試圖對民族類型進行準確界定時，總是會出現這樣那樣的問題——在「漢族」這個包羅萬象的龐大群體中，還有許多族群，他們操著互不相通的方言，遵循著截然不同的習俗。這裡僅舉一例。散居中國各地的客家人被認為是漢族的一個分支。但他們所具有的許多特徵，在某些情況下，卻很容易使外人從「民族上」將他們與周圍的其他族群區別開來。歷史上的許多事例表明，客家人和周邊非客家族群之間，往往存在著典型的群體性的（Communal）或「族群間的」（Interethnic）暴力衝突。客家人在許多方面與周邊的族群不一致，他們也從不遵循任何形式的裹腳習俗（裹腳遠非外人通常認為的那麼普遍）。太平天國之亂（洪秀全就是客家人）一開始便帶有族群間衝突的色彩，後來才呈現為漢人和滿洲人之間的對抗。[5]

瞭解中國的地區差異有多重要？

更為複雜的是，中國不同區域的人們往往帶著有色眼鏡看待彼此，就好像比利時人和法國人相互看待對方那樣。北京人視上海人為完全不同的、低於自己的一群人——上海人反之亦然。一些漢族城市居民往往對來自鄉村的漢族移民如農民工充滿了蔑視，用非人性的用語稱呼他們，暗示或宣稱他們並非完整的人或就像一隻狗。這類似於美國人通常認定的與膚色有關的種族主義話語。[6]於是，出生地和出身就成為今日中國多樣化的一個關鍵因素，正如出生時間而非出生地點對美國的多樣化所具有的重要意義。

瞭解中國的年齡差異有多重要？

世界各地均存在代溝問題。但是，中國過去幾十年的急速變化，使這個國家的代溝問題變得異常嚴峻。

中國人口正在老化：二〇一〇年的人口普查發現，六十歲以上的中國公民占總人口的百分之九，而十年前這一數字是百分之七。雖然中國的年輕人口要龐大許多（十五歲或十五歲以下的人口大約占百分之十七），但事實上這個年齡段的人口規模正在縮水（二〇〇〇年的時候，零至十四歲的人口占到百分之二十三）。[7] 此外，對許多中國人而言，在他們出生前毛澤東就已去世，柏林牆也已化為廢墟，這是政治方面。讓我們再來看看社會方面。五個中國人中，大約就有一個人從未經歷過改革開放之前的歲月，那個年代並不存在類似於現在這樣的巨大鴻溝：一邊是改革的獲益者，一邊是被改革拋棄的人。年齡在三十歲至六十五歲之間的人們，則對改革前那個更加平等的時代記憶猶新。而更年老的人們，也許還保有童年時代的記憶，會將當前巨大的貧富差距視為向民國時期經濟分化的某種回歸。

在文化方面，大多數都市中年父母們在三十歲之前從未使用過私人電話或駕駛過小轎車，就在我頭幾次去中國的時候（一九八〇年代中期到一九九〇年代中期），大部分電話還是鄰居共用的，城市裡的主要交通工具還是自行車和公車。而如今，他們的孩子幾乎都用上了行動電話，坐計程車對這些孩子來說是稀鬆平常之事。

這種代溝的影響範圍異常廣泛，從人們對現代生活節奏的態度（一些人為之不安，另一些人則為之雀躍）到對中國國際地位的看法，無所不包。它還對一些通常認為不受代際制約的現象帶來了影響。

比如，審視一下所謂的中國人對「儒家」價值觀的永恆堅守，如社會和諧之類的觀點。中國最年老的一輩尚能回憶起國民黨統治的時代，當時國民黨政權尊崇孔子，並努力遵循他的道德教誨。相反，對出生於一九四〇年代中晚期至一九六〇年代初期的中國人來講，當前對孔子及其思想的推崇看起來有點奇怪，因為他們對當年轟轟烈烈的批孔運動仍記憶猶新。但近年來出生的中國人對批孔運動並不耳熟能詳——教科書對這段歷史要麼視而不見，要麼歪曲掩蓋，而父母們有時也不願談及這個話題。對他們而言，胡錦濤提出的與孔子相關的「和諧社會」理念，也就沒什麼特別的意義。

中國真的仍是一個無神論國家嗎？

然而，中國多樣性的另一個根源有時也遭到低估，這就是宗教。在官方意義上，中國仍是一個無神論國家，但包括福音派基督教在內的許多宗教正迅速發展。儘管在人數的估算上跨度非常大，但至少有數以千萬計的中國人已經皈依了某種形式的新教。各種各樣的混合教派也日益受到歡迎，這些教派將中國傳統信條的某些元素與信仰體系相結合，如佛教便混合了地方民眾的祭拜儀式。這進一步強化了中華人民共和國的多樣性。

中國一直擁有數量顯著的穆斯林，部分居住在位於中國西北部的一個民族自治區，新疆，其他則散居在全國各地（包括西安，著名的兵馬俑的故鄉）。中國基督徒群體內部的多樣性還有更加複雜的一面，原因是基督教在中國又分為官方支援的三自愛國教會與非官方的其他多種教會。例如，中國長期以來存在著中共認可其其合法性、但卻不被羅馬教廷認可的天主教教會，因為掌管這些教會的神父（以及在教會等級中位於神父之上的主教）並不承認教宗的權威。但如今，中國也出現了以傳統方式看待教廷的天主教徒。

西藏自治區以及青海、四川等周邊省份的不少民眾信仰藏傳佛教。此外，許多中國人一直以來都信仰一些其他的宗教，或最近才成為其信徒。這些宗教既有老式的，如道教，也有新式的，如氣功——其修行者遵循柔和的鍛煉方法，例如呼吸練習和冥想。

中國是「老大哥式」國家嗎？

美國對中國的看法，除了那些有著長久歷史淵源的誤解之外，一些誤解還與這樣一種傾向有關：即把所有共產黨統治的國家都想像成「老大哥式」國家。當蘇聯存在時，它被認為是喬治．歐威爾在《1984》中所描繪的那個虛構世界的真實呈現。自從蘇聯瓦解以來，中國往往被賦予相同的角色。儘管一些評論家認為該稱謂用在北韓身上最為貼切，但「歐威爾式」(Orwellian)這樣的用語依然常常用來描述中國。

在特定情況下，這種描述非常符合中國的實情。但這種冷戰視角模糊了一個事實，那就是讀一讀另一部和《1984》正好相反的反烏托邦小說也許會更加有益。這就是阿道司．赫胥黎(Aldous Huxley)一九三二年出版的經典作品《美麗新世界》，比《1984》早面世近二十年。赫胥黎也是歐威爾在伊頓公學求學時的老師。[8]《1984》和《美麗新世界》經常同時出現在各類閱讀清單上，兩本書的故事場景均設定在未來世界，在那裡個人自由受到極大限制。然而，兩部作品對威權主義的呈現具有反差：歐威爾強調的是恐懼在使人民保持一致方面所能起到的作用，而赫胥黎更多地將注意力放在人們的需求和慾望如何被創造、操控及滿足上。

將《1984》和《美麗新世界》兩相對照的做法至少可以追溯到一九四九年十月——當時正值中華人民共和國成立之時。在那個具有歷史意義的月份，赫胥黎給他曾經的學生歐威爾寫了一封信，信中提到《1984》是一部「具有深遠意義的」作品，但他認為，書中所描述的「全面壓制性」威權主義政府會很快成為過去式。他猜測，在未來世界，居於統治地位的寡頭們會找到「不那麼費力的」統治策略，以滿足他們對權力的「強烈慾望」。接著，他又明確指出，未來的統治者為了保住權力，也許會採取他在《美麗新世界》中所勾勒出的更為柔性的統治手段。這種手段追求去政治化效應，著眼於對民眾分而治之，向他們提供多種形式的娛樂活動，以分散其注意力。[9]

在這裡，網路再次成為一個有用的案例，可以幫助我們更好地探討與中國相關的棘手問題。這裡所要探討的問題是：在瞭解中國的政治和文化變遷中，誰的啟示更加可取？是歐威爾還是赫胥黎？

中國政府對網路的控制往往被認為是「歐威爾式」。這種看法在二〇〇九年六月引起了尤為強烈的共鳴。當時北京當局採取了一系列新的措施，旨在限制中國居民自由上網的能力。而此時，恰逢西方國家紀念《1984》出版六十周年。[10]上述看法有其自身的價值，但同樣飽含價值的還有金玉米（Jeremy Goldkorn）的觀點。金玉米一直在關注中國網路控制所具有的「網路保姆」的一面，並撰寫了許多文章。正如他所指出的，「大多數中國網路使用者上網的主要目的是娛樂，只要可以與朋友聊天，可以玩遊戲、聽音樂和看視頻，他們就不會注意到網路審查，也不會特別關心這個問題。他們的處境更類似於《美麗新世界》，而不是《1984》。」[11]

當我們將歐威爾和赫胥黎對威權主義做的「剛性」和「柔性」想像結合起來，對中國的問題展開討論時，頭腦中還應該有一個時間維度。從古至今，中國的政治體制從來就不是靜止不變的，當前也不是，這個國家所採取的統治策略一直處於變動之中。這種變動所遵循的模式是，中國作家所稱的「收緊」時期和「放鬆」時期交替出現。毛澤東統治時期便集中反映了這一點。那時候，以群眾運動為途徑的密集動員時期和相對平靜時期交替到來。而當前，隨著群眾動員不再普遍，「收緊」和「放鬆」之間的相互作用也變得更加微妙。舉例來講，在當前的中國，既有放鬆時期——此時勇敢的獨立記者和致力於改革的非政府組織會享有更多一點的自由；也有像二〇〇八年末、二〇〇九年全年以及二〇一一年初這樣的收緊時期，在這一時期間，多位著名獨立知識份子遭到監禁。

一九八九年至一九九二年間，中國經歷了所謂的「歐威爾時刻」：先是屠殺天安門抗議者，之後透過強制性洗腦對這場大屠殺進行全盤否認，並四處抓捕所謂的「幕後黑手」（中共對麻煩製造者的稱呼）。到一九九〇年代中期，中國進入了一個更具赫胥黎色彩的時期，因為那時候儘管中共仍在否認一九八九年的天安門屠殺，但它的注意力很大程度上已經轉移到促成一場消費革命上，希望這場革命可以實現某種大規模的去政治化。借用《美麗新世界》中的一種強力催眠藥物的名稱，中共當時正忙於製造一種「酥麻式」（Soma-like）效應。

儘管隨著時間的推移，中國威權主義「剛性」的一面和「柔性」的一面不斷此消彼長，但還有一個因素同樣值得考慮，那就是地理維度。在廣袤的而且呈週期性動盪的非漢族聚居區，如新疆和西藏，國家的控制模式很大程度上仍是《1984》式的，即便國家在整體上已經開始遵循《美麗新世界》的模式。相反，在蓬勃發展的東部沿海城市如上海，其消費文化集中體現為遍佈公共空間的大型電視螢幕和光彩奪目的百貨大樓。在這裡，赫胥黎所給出的指引似乎更加可信。並且，對香港和澳門這兩塊前殖民地來說，自一九九〇年代末分別被併入中華人民共和國至今，它們從未受到類似於《1984》那樣的全面壓制。

中國人誤解美國的最大根源是什麼？

簡單地說，中國人誤解美國的最大根源是，沒有認識到中美兩國的媒體制度在運作上的巨大差異。

問題的癥結在於，中國人普遍持有這樣一種看法：美國的媒體體制——作為一個整體——無論是像紐約時報和CNN這樣立場不同的媒體，還是政治光譜與前兩者正相反的福克斯（Fox）新聞，均對中國持有一種強烈的、毫不動搖的偏見，拒絕換一種公平的目光看待中國。甚至一些在美國留學過的中國人也如此認為。這一看法也波及到了中國對美國的許多其它方面產生誤解。而它之所以一直頑強地存在，出於下面三方面的因素。對於外國人（而不僅僅是美國人）而言，瞭解這些因素是什麼，以及這些因素怎樣結合起來使中國人生出一種根深蒂固的不公平感，將有助於我們揭示關於中國的一些重要情況。

第一個因素是，美國媒體，與英國及許多其它國家的媒體一樣，有一種

「報憂不報喜」的職業傾向，這是中國媒體所沒有的。一般來講，這是西方新聞學的一個公理，即相對於幸福或簡單的知足長樂，關於悲劇和困苦的新聞報導能帶來更高的銷量，也能吸引到更多的讀者，無論是網站還是電視。而長期以來，中國的媒體一直用絕大部分精力報導各種積極的事態，至少在討論中國的時候是這樣，如生活水準提升了，饑餓人口減少了，火車提速了，諸如此類。近年來，關注悲慘故事的小報、部落格和微博越來越普遍，也越來越受歡迎。但在官方媒體上，對國內好消息的報導依然是常態。因此，即便西方媒體將中國與其它國家一視同仁，但對習慣於各種正面報導的許多中國人而言，仍會覺得中國受到了不同尋常的、不一樣的嚴厲對待。

第二個因素是，在當前中國的媒體上，很少見到圍繞同一話題所展開的不同觀點的交鋒。許多中國人假定，出現在北京或上海的主要報紙上的評論反映的就是報社自己的觀點，實際上也的確如此。相比較而言，紐約時報會圍繞同一主題刊登兩篇觀點針鋒相對的文章，此外還會有闡述協力廠商立場的本報社論。然而，如果三篇文章中有一篇對中國進行抨擊，並且它的中文譯文開始在網路上流傳，那麼許多中國讀者便會輕易地認為這篇評論代表著紐約時報的觀點。

第三個因素是，在某些問題的一般認知上，中美兩國的分歧是如此之大，以至於無論美國媒體如何進行報導，幾乎總是會產生或強化偏見。這方面的一個典型案例便是二〇〇八年三月發生在西藏的衝突。該案例清楚地表明，從根本不同的角度出發來看待同一件事情，會如何導致雙方各說各話，而非彼此溝通。

美中在西藏問題上有怎樣的分歧？

對許多美國人來講，思考西藏問題的起點往往是這樣一種看法：藏人是一個熱愛和平但受到壓迫的民族，歷史上大部份時期均處於自治狀態，它當前的領袖是流亡海外的達賴喇嘛。達賴喇嘛被認為是一個開明之士，他以對非暴力的執著堅守而獲得了諾貝爾和平獎。

許多美國人認為，達賴喇嘛表現出巨大的克制，他僅僅是為中國境內的藏人爭取更大的文化自主權和宗教自由，而非要求建立一個獨立國家。將西藏的抗爭視為藏人在「外來強權」的鐵蹄下對本民族宗教自由的一種捍衛，這種觀點儘管在其他西方國家（以及世界其它地區）也有其影響力，但在美國卻有著特殊的感召力。這是因為美國的特殊歷史及其民族主義神話（Nationalist

Mythology），基於美國的民族主義神話，藏人的角色和當年參加反英戰鬥的新英格蘭殖民者並沒什麼不同，這些反抗者的形象在美國的愛國主義想像中佔有極重要的地位。

相比較而言，許多非藏族的中國公民認識西藏的起點則完全不同。他們認為西藏長期以來便是中國的一部分，並且認為這一地區落後、封建，其表現之一便是藏人對每一任新的達賴喇嘛所表現出的近乎狂熱的忠誠；達賴喇嘛被賦予一種半君主半教主的角色，被認為是其前任的轉世。這使人們認為，藏人應該對北京當局感恩戴德，因為正是後者使拉薩這樣的城市變得現代化，使藏人女性的地位得到提升（藉著對男女平等原則的法律認可），並將科學技術引進西藏這片充滿迷信的土地。一些漢族居民還認為，藏人應該對來自國家的各種優待表示感謝（如藏人不受獨生子女政策的約束，這項特權也被賦予其它五十四個少數民族）。

美中兩國關於西藏問題的認識起點差別如此之大，以至於任何一方涉及西藏的新聞報導，都會被對方預設為完全與事實不符。我們可以同時列舉兩個關於美國的類比來說明這一點。許多美國人很自然地將街頭抗議的藏人和一七七六年獨立戰爭時期英勇的美洲殖民者劃歸同一類型，但美國普通民眾對待夏威夷獨立運動的參加者，卻與中國許多非藏族民眾看待抗議藏人的態度如出一轍。夏威夷獨立運動要求將夏威夷群島這個當前已經現代化的美利堅合眾國的一個州歸還給夏威夷王國末代女王的後裔。[12]在這種背景下，美中之間關於藏族和非藏族衝突（無論是在西藏還是在周邊地區）的任何報導，甚至具體到選擇什麼樣的敘述用語，都註定會充滿爭議。比如，許多西方人通常稱之為「示威」（Demonstration）的事件，許多中國非藏族民眾則會稱之為「暴動」（Riot）。再如，許多西方人自然而然地將西藏流亡領袖達賴喇嘛稱為「精神領袖」和「諾貝爾和平獎得主」，許多中國非藏族民眾卻會以一種貶損的方式將他稱為一頭「披著和尚外衣的狼」或一個「分裂主義者」等。

上文所描述的困境在於，即便外國對西藏的報導字斟句酌、細緻入微，也最終會被一些中國人解讀為充滿偏見。例如，即便是最深思熟慮的美國記者，有時也的確會使用「騷亂」這樣的詞彙來指稱二〇〇八年三月發生在西藏的暴力事件，這個用語是恰當的，因為當時的確發生了多起藏族青年針對當地漢族和回族居民的攻擊事件。但這種做法仍被中國境內的一些非藏族讀者視為「帶有偏見」，原因是作者並未像中國官方媒體那樣，將暴力歸咎於達賴喇嘛。與此同時，國外報導中的粗心則使得中國人的不公平感變得更加強烈：CNN將一張尼泊爾員警施暴的照片誤認為是中國員警毆打藏人，對此，中華人民共和國各地的部落客發出了一篇又一篇措辭激烈的貼文，攻擊這家總部位於亞特蘭大的電視網。還誕生了一個打著「反ＣＮＮ」口號的四月網，此外，印有「別學ＣＮＮ」字樣的Ｔ恤也在上海街頭銷售。原本僅僅是疏忽大意的失誤報導，卻立即被許多中國人當作一種根深蒂固的偏見的最新證據。

6 — The Future
未來

中國一心想主宰世界嗎？

長期以來，人們一直對「中國的軍事威脅」感到憂慮，二〇〇九年，中華人民共和國在國慶閱兵慶典上大規模地展示了它所擁有的武器，使得這種擔憂再度流行開來。然而，被過度渲染的「中國軍事威脅論」也擁有悠久的歷史。

舉例來說，清朝末年的義和拳從未在華北以外的地區活動，也從來沒有表現出這方面的興趣，但這並未阻礙德皇威廉二世（Kaiser Wilhelm）將他們視為「黃禍」（Yellow Peril）的急先鋒，認為有朝一日這種禍害會蔓延至西方。儘管馬克吐溫堅持認為，義和拳僅僅是為保護自己的家園免遭來自外敵的侵佔，這理應得到美國人的尊重——他認為拳民是「遭到詆毀的中國愛國者」，並表示如果自己當時是中國人，也會成為一名拳民——但他的一些同胞卻支持威廉的「黃禍論」。一家美國雜誌甚至認為，義和拳是自十三世紀成吉思汗的蒙古大軍橫掃歐洲以來，西方和基督教國家所面臨的來自亞洲的最大威脅。

之後，黃禍論讓位於紅色威脅（Red Menace）論。這種觀點在一九六〇年代初期獲得青睞，起因是北京研製出了第一顆核子彈。當時正值中國反對帝國主義的言論高漲時期，中國引爆了核子彈令美國和蘇聯心驚不已，因為毛澤東正對這兩個國家厲聲痛斥——他聲討美國的資本主義，以及對台灣的支持，並譴責蘇聯拋棄了馬克思主義轉而為「修正主義」。

美國國防部甚至在一九六〇年代拍攝了一部《紅色中國之作戰計畫》(Red Chinese Battle Plan)的影片，將中國呈現為一個意圖控制全球的國家。美國在一九四〇年代拍攝的一部宣傳影片中，中國曾經是日本企圖征霸世界的無辜受害者，取而代之的《紅色中國之作戰計畫》則呈現出一幅迥然不同的圖景：中國首先尋求控制住非洲和拉丁美洲，第二步即佔領美國。擁有核子武器對中國無疑很重要，但現在回頭看來，當時的中國深受各種內部問題和周邊國家如俄羅斯和印度所帶來的邊界糾紛的困擾，因而對遙遠的國家並不會構成事實上的軍事威脅。中國的確透過不結盟運動在發展中國家尋找盟友，將自身塑造為美蘇之外富有吸引力的第三種意識形態選項。然而，對中國的紅色威脅擴散至北美的擔憂，與先前的黃禍論一樣，充其量不過是一種過度想像的產物罷了。紅色威脅論沒有事實基礎，其誇大其辭的程度一如當年的黃禍論。人們可以在下面所舉的兩個例子中看出黃禍論是如何被誇大的：一個是一九〇〇年的一幅政治漫畫，描繪一名嗜血的義和拳拳民，手持尖刀，雙臂環繞住整個世界；另一個是小說家薩克斯．羅默(Sax Rhomer)在一九〇〇年後的數十年間所創作的系列小說，其主角是大魔頭傅滿洲(Fu Manchu)，他仇視西方，具有魔鬼般的狡猾和冷酷殘暴。

一九五〇至一九七〇年代，美國和共產國家之間的確發生了幾場代理人戰爭(Proxy Wars)。在海峽兩岸，國民黨和共產黨均聲稱自己是中國的唯一合法政府，雙方之間的數次小規模衝突，確有可能升級為中華人民共和國與美國之間的直接戰爭。但當時中國並沒有稱霸世界的嚴肅計畫，現在依然沒有。

中國一直在持續增長它的軍費支出，其軍隊的現代化程度亦令人印象深刻。對於中國的近鄰，尤其是與中國存在邊界爭議的國家來說，這種狀況引起了或理應引發它們的憂慮。但解放軍的軍力之增強，並不僅僅是具備海外作戰的能力。舉例來說，中共政權所思考的仍是如何確保中國不受外來攻擊(北約對塞爾維亞的炸彈轟襲以及它對伊拉克和阿富汗的入侵，使中共認為有必要保持強大的國防)。此外，至少同樣重要的還有，中共還將強大的軍隊視為維持其國內控制的關鍵所在。畢竟，是解放軍而非員警部隊執行了六四屠殺任務，並且政府同樣仰賴軍隊來處理西藏和新疆的騷亂。事實上，在國慶閱兵中展示軍事硬體起到了一石二鳥的作用，既讓國內民眾見識了國家武器裝備的精良，又對國外觀察家造成了一定的衝擊。

與台灣開戰的可能性有多大？

有多種因素的存在，使得中華人民共和國訴諸武力實現「統一」的可能性微乎其微。「統一」是中華人民共和國長期奉行的目標，也是中共和中國國民黨一直以來公開宣稱的訴求，但卻並非是台灣其他黨派的目標，而後者已經開始和國民黨分享權力。中共依然堅持「一個中國」的理念（該理念認為，台灣與大陸的政治隔離僅僅是暫時性的失常，而非永久性事態），但我們很難想像，中共會如何將「統一」由遙遠的夢想轉變為即刻的現實。戰爭的可能性不能一概抹殺。這種可能性一直存在：一旦中共感到大限將至，它很可能會孤注一擲，採取富有戲劇性然而異常愚蠢的舉動，如突襲台灣，寄希望於鼓動極端的民族主義情緒，以求強化大眾支持。然而，當前有兩個主要因素將這一可能性降至最低。

首先，資金和人員正在跨越海峽頻繁地流動，並且給這兩個國家帶來好處。據估計，有多達五十萬的中華民國公民工作和生活在上海；許多台灣企業在大陸設有分公司和辦事處；並且，數十年來，台北和中國的很多城市之間首次開通了飛機直航，尤其是在跨海探親的節假日期間。

第二個因素是，當前北京和香港的關係為未來台灣問題的解決提供了一個想像的空間。在「一國兩制」政策下，北京承諾香港在一九九七年之後享有五十年的高度自治，允許其地方事務遵循前英國直轄殖民地時期的法律直至二〇四七年，而在其他方面則整合至中華人民共和國。

人們廣泛質疑這些承諾是否被具體實行，自一九九七年以來，批評聲音便一直不絕於耳，比如北京試圖對香港政治、經濟和文化生活的各個方面施加控制，以及香港的媒體自由因為外部壓力和內部的自我審查而弱化等等。這些擔憂不無道理，也並非空穴來風，香港目前所享有的相對自主地位，部分源於活動人士和香港居民的無畏抗爭，但香港仍有能力保有一定程度的自治，這一點頗引人關注。香港的書店仍在出售各種大陸禁書，從達賴喇嘛的著作到張戎和喬·哈利戴關於毛澤東的傳記，從一九八九年天安門抗議期間的聲明結集到趙紫陽軟禁期間祕密書寫的回憶錄等。儘管屢遭滋擾，法輪功修煉人在香港依舊可以公開宣講。總體而言，香港能夠既作為中華人民共和國的一個地區，又作為帶有城市國家色彩的實體而存在，這部分源於中國想要保持其商業繁榮的渴望。

這不禁使我們產生了如下設想：也許在未來的某個時刻會出現某種類似安排，將台灣——屆時無論在經濟上還是在文化上，它可能已經完全被大陸所裹挾——正式納入中華人民共和國的軌道，而無需放棄其自身的身份認同。這未必是台灣民眾所希望發生的，並且無論是香港還是國外的觀察家，仍對香港這座城市的未來持觀望的態度。然而，僅僅是「一國三制」的未來可以構想這一事實，即便它是一個很牽強的腳本，也足以將戰爭的可能性降至最低。

中國會成為世界上最具支配性的經濟強權嗎？

這個問題的提出正當其時。它是一個象徵，表明中國以及它在世界上的地位在近年來發生了非常大的變化，儘管我們有足夠的理由認為美國在某一時段仍將是世界頭號經濟強權。在五十年前，甚至二十年前，當人們揣測中國未來的時候，上面這個問題完全不在他們的考量範圍之內。

一九五〇年代末，毛澤東曾誇下海口：烏托邦式的大躍進將使中國在鋼鐵產量等發展指標上快速趕上西方。然而，對於毛的這種誇大其辭，國外很少有人當真。

到一九六〇年代初，大躍進明顯處於失敗境地。如果當時有人認為「中國可以在短短的半個世紀內躋身世界經濟大國前列」，那不啻於癡人說夢。當時很少有人知道——即使有也為數甚少——那時的中國正在發生慘絕人寰的大饑荒。否則他們對上述看法會更加嗤之以鼻。即便是最樂觀的估計也僅僅認為，中國會由一個異常貧窮的國家發展為一個相對貧窮的國家。當時的主要經濟問題是，中國能否養活它的人口。而如今，中國有時候甚至向發生饑荒的國家出口糧食。

然而，中國卻逆勢而上，它的經濟排名目前位居世界第二位，其國內生產毛額（GDP）僅次於美國。在上世紀末、本世紀初的二三十年中，中國經歷了兩位數的高速經濟增長，擺脫了貧窮。如今的中國雖不富裕、它的平均收入仍遠遠落後於已開發國家，但已經有足夠的財富去幫助那些遭逢自然災害打擊的國家了。不難想像，在下一個五十年裡，中國的某些經濟指標將會趕上美國，而另一些指標將會超過美國。在可預見的未來，如以GDP總量來衡量，中國即便是超過美國，但仍不太可能大幅領先而成為經濟強權。同樣地，那時中國的平均國民收入也不可能達到美國的同期水準。而以平均收入論，當前的中國依然是個十分貧窮的國家，僅僅與二三十年前相比有所改善而已。

長久以來的鄉土中國能否很快變成城市中國？

前面那個關於中國經濟的問題，部分涉及到中國從鄉土社會向都市社會、從農業中國向工業中國轉型的步伐。一九六〇年前後的中國似乎很可能永遠保持大面積的鄉土格局，這是因為中共建立起了一種嚴格而複雜的社會福利和社會控制的機制，遏制其人民由鄉村向城市流動。而在十九世紀末至一九四〇年代，從鄉村到城市的人口流動在中國非常普遍，當時像上海這樣的大城市人口已達數百萬。這種人口流動當前再次上演，約有一點五億至二億的中國農村居民湧向城市尋找工作機會。誠如張彤禾（Leslie T. Chang）所指出的，中國城鄉之間的移民規模超過了工業化時期跨越大西洋到美國的移民潮，這是人類歷史上最大規模的自願自發的人口遷徙。[1]

在毛澤東統治時期，妨礙農村居民遷往城市的主要障礙是「戶口」制度，該制度將國家提供的福利與個人的出生地綁在一起。個人遷徙只有在極個別的狀況下才會獲准。已訂婚女性是個例外，她們的戶籍往往在結婚時一併遷往夫家。儘管中共對中國兩性關係的其他方面做了許多改變，但卻允許這種新娘改變戶籍的模式一直存在。然而，推行戶口制度的結果便是，農家子弟除了一輩子種田之外，別無出路。他們的子女也只能留在農村。

戶口制度到了一九九〇年才開始變得鬆動，這要歸功於鄧小平及其昔日下屬趙紫陽所推行的改革。儘管這些改革並未完全取消戶口制度，但對農村居民而言，前往城市尋找季節性工作或有時長期地停留於城市裡，開始變得更加容易了。

得益於近年來農村人口向城市的加速移動，也得益於戶口制度的部分（儘管並非全部）取消，中國正在成為一個城市之國。二〇一二年初，中國政府宣佈，其城市人口有史以來首次超過了農村人口。根據一九九〇年的人口普查，中國當時已經有幾十個人口超過百萬的中心城市。而當前，人口百萬以上的城市在中國至少有一百六十個，人口千萬以上的大城市約有十幾個。一些城市，如深圳——首批「經濟特區」城市，中外合資企業在這裡受到的管制比國有企業更為寬鬆——在十多年前還僅僅是成片成片的村莊和鄉鎮。

中國有可能變成一個民主國家嗎？

在六四屠殺後緊接著的幾年中，一些西方觀察家想知道的是，天安門抗議的續篇或中國式的團結工會（Polish Solidarity）抗爭是否會導致中國的民主化。最近，那些寄希望於中國治理方式出現急劇轉向的人們，開始將希望寄託於其他方面的因素。一些人對網路寄予厚望：儘管處於政治光譜兩端的保守派評論家喬治．威爾（George Will）和美國民主黨前總統比爾．克林頓（Bill Clinton）在許多問題上都存在分歧，在世紀之交之際，兩人卻達成一致之見。他們都公開預言，一旦新媒體在中國紮下根，一種新式的政治將不可避免地到來。其他人則將希望寄託於正在崛起的中產階級，並以南韓和台灣為例，認為威權國家將在專業人士和企業家的壓力下實現民主化。

以上種種均可能在某個時間點發生，然而所有的預測迄今都沒有應驗。原因之一在於，中共一直在孜孜不倦地學習如何明白無誤地避免上面所提到的諸多場景。諷刺的是，正是出於這一原因，不斷地預測中共即將滅亡，反而有可能降低了它垮台的可能性。

不過，雖然許多觀察家承認，民主對中國而言依然很遙遠，但其他人則表達了希望，認為今後幾年中國至少會出現一些政治改革。在二〇一二年中共十八大召開前夕，這方面的討論尤其熱烈。在十八大會議上，胡錦濤卸任中共總書記和中央軍委主席，習近平成為中國新的領導人，並有望擔任兩個任期。外界對習近平知之甚少。習是一位「太子黨」，文革期間被限制在農村，之後，很大程度上靠打安全牌青雲直上至黨內高層。然而，習近平的確有作為經濟改革者的聲譽。基於此，一些人斷言，習近平和中共第二把交椅李克強將會追求適度的政治改革。其他人則不這　認為，原因是其他五位政治局常委以持更加保守的立場著稱。然而，幾乎可以肯定的是，無論什　樣的改革，都不可能在近期出現，因為習近平在他任期的開始階段，很可能專注於鞏固權力並建立一張支持自己的關係之網。[2]

人們將如何評價胡錦濤時代？

在觀察二〇一二年中國的權力交接時，如果你還記得十年前的那次交接，則會發現，人們對習近平改革傾向的揣測似曾相識。那是因為，當胡錦濤和溫家寶在十年前握有大權時，類似的言論也圍繞他們而出現。然而，人們對改革所寄予的厚望，卻在沉悶乏味的胡溫執政期間一一破滅。所謂的胡溫新政很大程度成了打著共識幌子的妥協戲碼，並被政治穩定的念頭所束縛，從而壓倒了他們二人也許曾經有過的任何大膽願景。在風頭正勁的北京奧運過後，僵滯局面接踵而至：中國之前平穩的經濟增長在二〇〇八年全球經濟危機期間變得慢下來（儘管它在經濟上的表現仍遠遠好於其他國家），民眾也因中共領導層缺乏明確的方向而變得日益不滿。胡錦濤的主要問題似乎是他駐留在權力大位上的時間太久。這是一個老生常談的問題，同樣出現在毛澤東和鄧小平的身上。假如胡錦濤在奧運會結束後，或者在二〇〇七年第一個中共總書記任期結束後立即離任，那麼他所遺留的政治遺產將很可能正面許多。

中國的民族主義有多強大？

在當前西方，有一種廣為流傳的錯誤看法，認為中國的民族主義只會進一步鞏固中共政權。該假設認為，民眾的愛國熱情支撐了中國的政治現狀，並且大眾民族主義是當局可以召之即來、揮之即去的一股力量。

當前這一代中國人一直在接受政府的愛國主義教育，這種宣傳強調了在鴉片戰爭和日本侵華戰爭等事件中，外國列強所帶給中國的屈辱。中國政府鼓勵民眾要警惕當前西方對中國的偏見，證據是西方媒體對新疆和西藏動亂的不公平報導。有時候，民眾會聽從政府，如二〇〇八年法國總統薩科齊會見達賴喇嘛之後，有部分民眾發起了對法國貨的抵制。同樣地，政府還鼓勵民眾在網路上發表長篇大論，反對任何參拜靖國神社的日本政要。靖國神社供奉著日本所有的戰爭亡靈，包括大量的普通士兵，也包括好幾位二戰時期的甲級戰犯，他們制定並實施了日本侵略中國及亞洲其他國家的野蠻政策。

然而，如果認為愛國主義教育僅僅是培養出一群憤怒的青年，時刻準備聽從國家的召喚，那 這種看法就過於簡單化了。事實上，民族主義是一把雙刃劍，有時候它的確會加固政權，有時卻會對政治現狀構成威脅。[3] 沒錯，愛國主義宣傳確實形塑了中國年輕人的世界觀和歷史觀，但在愛國熱情的表達方式以及這種愛國情緒與官方民族主義的吻合程度上，卻存在著複雜的差異。中國領導人心知肚明，歷史上中國政權所面臨的最大挑戰，包括最近的天安門事件，均部分受到愛國熱情的驅動。

他們同樣明白，一場以愛國的民族主義為訴求的抗議，很可能在開始後，就演變為一場質疑中共領導權的抗爭。何況，即便是在部分受到官方幕後操控的示威遊行中，反對性質的主題有時也會悄無聲息地溜進來。這種情形便發生在二〇一二年九月。當時，在官方批准的反日遊行中出現了部分標語，其內容是對腐敗行徑的深惡痛絕，以及希望當代的中國領導人向毛澤東看齊。這次抗議遊行事關中國和日本之間對釣魚台列嶼的主權爭議。當局知道，愛國熱情一旦被動員起來，它總是有可能掉轉矛頭對準政府，而非為其服務。這就解釋了，為何當局往往會試圖撲滅而非煽動年輕人的民族主義狂熱。[4] 因此，中國的民族主義有其兩面性，它會在忠於當局與反對當局這兩個截然不同的方向之間輕易搖擺，事實上也的確如此。

未來十年中國將擁有哪種類型的政府？

千禧年之後不久，關於中國的許多爭論大致都圍繞著兩本書的分析框架而展開，這兩本書對於中國的前景有著截然不同的判斷：第一本是《中國的民主未來》，該書預測中國會從威權政體平穩地轉型為民主政體，另外一本是《中國即將崩潰》，該書預測中共統治將會走向瓦解。然而今日，專家們又在「中國往何處去」這個問題上形成了兩種對立的看法：一種看法認為中國將出現政治劇變（上面兩本書均斷言政治劇變即將到來），另一種看法則表示中共很有可能維持統治。

最富有經驗的一些分析家認為，中共更有可能維持現狀，但維持現狀並不意味著中共將一成不變。他們的看法是，有必要把中共視為一個不斷變化的組織，該組織業已證明自身有能力不斷地作出調整以適應特定時段的需要，這些分析家們認為，「具有調適性的威權主義」這一歸類是對中華人民共和國政治的最佳描述。

一些學者進一步指出，這種調適性的威權主義的歷史根源，絕非始自改革年代，甚至可以追溯到更久之前。[5] 早在一九二七年，毛澤東在《湖南農民運動考察報告》中就修正了馬克思和列寧主義關於黨的角色的標準看法。他號召中共的組織者，要學習中國農民在實際生活中獲得的策略，而不要自詡為是他們的老師，認為農民天生保守，從而對他們指手畫腳。

接下來，在一九三〇和一九四〇年代，身為反對黨的中共也進行了許多嘗試。例如，創造性地採用了遊擊戰術——這是一種明顯不同於傳統的戰術。在毛主義的巔峰時期（一九五〇年代末至一九七〇年代中期），中共再次背離正統。例如當時許多人堅持認為，「壞」的階級地位可以透過血統傳給下一代，這一說法違背了馬克思主義的核心觀點：階級是由人與生產資料的關係所決定的。

事實上，不管最後的結果是變得更好還是更壞，中共的整個歷史都表現出，它隨時準備進行試驗，無論是在它攫取全國政權之前，還是之後。因此對於它今天繼續試驗的傾向，我們無需感到過多的驚訝，這不過是它為了保住權力的操演罷了。中共是一個天生具有調適性的組織，這一點要牢記在心。然而儘管如此，這個政權近期的許多特定試驗——如尊崇孔子，視之為英雄，又如它宣稱，只要擴大而不是限制私人產權的重要性，「有中國特色的社會主義」就可以實現——必將遭到中共的首位「革新」大師，即毛澤東的極力反對。這些做法與毛當年的主張可謂背道而馳，我頭腦中不禁浮現出了這樣的畫面：這些革新可能會讓毛在他的水晶棺中輾轉反側。

中共面臨著哪些重大挑戰？

如果我是中共領導層的一員，有五大問題將使我夜不能寐。鑒於中共對包含數字在內的口號的偏愛，我們也許可以把這些問題簡稱為3E和

2C。3E分別指經濟、環境和能源（Economy, Environment, Energy的首寫字母都為E），而2C則是指腐敗和政府信用（Corruption, Credibility的首寫字母都為C）。

所有的政治領袖都必須密切地關注經濟，因為在民主國家，選民的荷包往往決定著他們的選票。而在威權國家，經濟議題則往往決定著人民是會走上街頭還是待在家中。然而對中國而言，它所面臨的問題還有著特殊的一面。中共嚴重依賴於高經濟增長率，它所需要的可不僅僅是一般的經濟增長，而是高速增長。

這是因為經濟繁榮增長中通常既有贏家，也有輸家，但輸家卻並不會因此灰心，他們相信只要經濟發展，就終究會使自己時來運轉。但現在，經濟高速增長的時代已經結束，而這必然給民眾帶來深深的不安。它一方面會使那些境遇不錯的人們不斷升高的預期落空，另一方面，也會在部分人群中孕育出憤怒和絕望——這些人一直認為，他們會在未來的某個時刻有機會改善自己的境遇。

對此，胡錦濤和同僚們試圖預先採取行動以控制住傷害，主要手段是支持農村地區的社會福利。迄今為止，中國許多農村一直無緣享受經濟發展所帶來的好處，並且由於國家之前撤銷了對鄉村醫療和教育等福利支持，農村的境況近年來每況愈下。習近平及其同僚很可能繼續推進這些政策。這無疑有助於中共的統治，但這種做法生效的前提則是，人們繼續看好中國的經濟，認為它整體上仍在向著積極的方向發展。中共政權無論在心理上還是在事實上，均依賴於經濟的高速增長，這種增長有利於形成一種普遍的社會樂觀情緒，進而使人們相信，無論中共有怎樣的缺陷，它的統治仍是合法的，因為這是一個經濟的發展令人印象深刻、整體生活水準不斷提高的時代。

中國在環境和能源上面臨哪些嚴重問題？

環境和能源問題對所有政府都很重要，並且與經濟問題一樣，它們也給中國領導人帶來了一系列特殊的困境。同時，環境和能源問題是如此的緊密交織，以至於對二者必須通盤考量。

對正在推進工業化的中國而言，好消息在於，它有兩種儲備豐富的能源：一種是煤碳，借助於公路卡車和鐵路運輸，中共在開採遠離大城市的煤礦資源方面比清王朝更為有利；另一種是水資源，可以用來發展水電。壞消息則是，煤碳的開採和水電大壩工程都有其不利的一面。就煤碳而言，其危害性包括高得驚人的礦工傷亡率。儘管在過去十年中，礦工死亡率已穩步下降，但二〇一一年礦工的死亡人數仍高達二千人。[6]當煤碳被用於取暖時，則使得空氣污濁不堪——這既是一個健康議題，同時也是一個潛在的政治議題，因為污染所引發的抗議活動正日益增多。水力發電不利的一面是，大型水壩往往充滿了爭議，它們不可避免地要淹沒大片鄉村土地，從而激起當地民眾的抗議。此外，水壩工程誤差所可能釀成的風險也會引發人們的擔憂。

在能源方面更大的問題是，中國的石油需求正快速攀升。中國的汽車數量越來越多，中國也需要更多的電力使工廠保持運轉、並滿足越來越多的城市中產階級對照明和空調的需求。中國有一定的石油儲量，卻不足以滿足它需求上的日益增長。此外，中國的部分石油資源位於政治上的敏感地區，如新疆和太平洋島嶼周邊，越南和日本都聲稱自己擁有這些島嶼的主權。這使北京決心獲得海外的石油供應。與美國一樣，對石油的需求決定了中國的國際行為：這便是中共熱衷於在非洲和拉美擴大影響力並與伊朗保持良好關係的原因。

短期來看，在電力方面，水電站和核電廠可以滿足中國的部分電力需求。但中國已經過度依賴於煤碳發電，這部分發電量占全國電力供應的四分之三。長期來看，如果繼續遵循這樣一種發電模式，中國將需要更多的煤碳發電工廠，即平均每週需要新建一家，才能夠趕上它經濟高速發展的步伐。

然而，水資源也許才是最大的問題。由於河流受到污染，喜馬拉雅山的冰川不斷融化，以及華北地區水位的不斷下降（華北的水資源一直不容樂觀：平均水資源長期以來低於全球平均標準的百分之十），缺少飲用水和灌溉用水已成為一個嚴峻的問題，並且有可能在未來幾年內繼續惡化。水資源還引發了許多潛在的政治問題，因為中國的許多河流是跨境河流的上游或支流，中國水電工程的築壩和攔水，勢必會影響到其他國家河流的正常流量。[7]

腐敗和政府信用問題為何令中共擔憂？

在二〇一二年十一月召開的中共十八大上，中共總書記胡錦濤作了他任內最後一次工作報告。他在報告中發出警告，腐敗是中共所面臨的最大挑戰，會破壞掉中共既有的執政成就。[8]胡有充分的理由提出這種警告，因為二〇一二年是中共最艱難的一年。在這一年中，腐敗問題引起廣泛關切。當年二月份，重慶市的公安局長王立軍逃往距重慶不遠的美國駐成都領事館。在那裡，王立軍引人矚目地揭露出，重慶市委書記、富有魅力的政治人物薄熙來捲入一樁精心設計的謀殺案，並試圖加以掩蓋的醜聞。接下來的幾個月裡，各種傳聞紛至遝來（儘管很多細節仍模糊不清）。根據這些傳聞，薄熙來的妻子谷開來曾從事過包括洗錢在內的非法商業交易，並有可能與她的交易合夥人、英國商人尼爾・海伍德（Neil Heywood）發生婚外情。據稱，谷開來受到海伍德的威脅，於是與家庭勤務人員一道將海伍德毒死，並試圖掩蓋住謀殺真相。雖然（迄今）無人聲稱薄熙來直接參與了此次謀殺，但這卻為薄的政治對手提供了機會，藉此將這位前途看好的政治明星拉下馬（之前有人認為，薄在十八大上也許有機會晉升為中共政治局常委）。結果是，薄被罷免重慶市委書記職務，隨後被褫奪了中共黨籍，並有可能面臨死刑判決，其罪行包括長達數十年的貪汙受賄和強取豪奪。

二〇一二年遭到抨擊的中共高官中，薄熙來並非唯一例外。即將接任黨總書記的習近平和馬上退任的總理溫家寶，其家族的巨額財產分別被彭博新聞社和紐約時報曝光。[9] 雖然習近平和溫家寶個人均未遭到指控行為不端，但彭博新聞社和紐約時報卻非常詳盡地記錄了這倆人的家族成員的斂財行徑，他們利用了與習和溫的親緣關系，並借助了二人的影響力。這一切並不令人感到特別驚訝，大多數中國人的反應也許是：這只不過進一步證實了大家的普遍猜測而已。但儘管如此，這些報導卻危及到中共的公信力。要知道，它是一個在誕生之初，便承諾要消除社會上的不平等的黨。作為報復，中國政府封鎖了彭博新聞社和紐約時報的網站。

這些都是中國政治中尤其引人側目的腐敗大案，但似乎並未影響到普通民眾的日常生活。更加令中共領導層擔憂的應該是那些涉及食品安全、劣質工程和環境退化的醜聞。這些醜聞存在於社會的每一個層面，並在不同地域和階層激起了普遍憤怒。尤其是，與環境相關的抗爭近年來一直呈上升趨勢。在《華盛頓月刊》記者克莉絲蒂娜．拉爾森（Christina Larson）看來，如果中國領導層想要維持社會穩定，那麼當務之急是解決環境問題。[10]

中共領導層應加以警惕的意外事件，還包括劣質水利工程所可能引發的水壩崩潰和水災之患。原因之一是，官員和建築商相互勾結，往往達成腐敗交易。官商勾結的途徑要麼透過血緣，要麼透過關係（「關係」意味著一種強烈的人與人之間的虧欠感，其基礎是友誼、賄賂、以往的恩惠、同學關係或以上幾種因素的疊加）。二〇〇八年汶川地震之後，人們最為憤怒的是居然有如此多的學校坍塌、如此多的學生遇難。當時，許多部落客撰文斷言，這種狀況之所以發生，是因為建商和地方官員勾結，偷工減料、以次充好，在建築品質上瞞天過海。這些說法立即被許多人不假思索地接受，這很說明問題；學校附近的其他類似建築物在震後仍屹立不倒，這一事實進一步增強了上述說法的可信。人們之所以一開始便接受這些說法，其主要原因是，他們理所當然地認為：腐敗每時每刻都在發生。

上面討論了諸多醜聞，它們所帶來的累積效應便是，中國政府在人民心裡幾乎沒有信譽可言。二〇一二年七月，當滂沱大雨襲擊北京並水漫全城的時候，幾乎沒有人相信官方所發佈的遇難者人數，人們不約而同地認為，實際死亡人數要遠遠高於官方的數字。與「狼來了」故事中的男孩一樣，中共對公眾撒謊的次數太多了，民眾已無法相信它的任何說辭。

然而到目前為止，對官員腐敗的不滿卻並未強大到足以引發新一輪的全國性抗議，也不足以使一九八九年的天安門事件重演。原因之一是，中國經濟在總體上仍然呈上升趨勢。這一點很重要，因為它表明，腐敗雖然如此之糟，但卻並未阻礙經濟發展。另一個原因是，到目前為止，中央政府成功地使民眾相信，地方官員才是罪魁禍首。回到前面所說的經濟問題。一旦中國經濟開始下降或陷入長期低迷，其後果之一便是，它將會打破「腐敗並非中國實現大範圍經濟繁榮的擋路石」這一觀念。中共當初攫取權力的部分原因是，民眾認為共產黨幹部沒有國民黨官員那般腐敗。然而現在，中共的致命要害是民眾的感受變為：中共與一九四九年被打敗的國民黨一樣腐敗。

一個雙方皆為超級大國的時代？美中如何調整以適應

作為世界上的兩個超級大國，美中該如何共存是一個具有緊迫性的議題。在本書的結尾部分，我們有幸提出一些簡單的指導原則，以超越或至少減輕前文所提及的雙方之間的相互誤解，並及時察覺到雙方局勢的明顯惡化，因為美中之間註定會在許多具體問題上出現嚴重的緊張局面。遺憾的是，這個問題並不存在簡單的解決之道。然而為了幫助雙方逐步消除彼此間的誤解，我們至少還可以做一件事，那就是讓這兩個國家廣泛意識到，它們之間存在諸多共同之處。[11]

人們需要更多地關注到，今日中國所發生的很多事情非常類似於十九世紀末二十世紀初的美國。當時的美國也在快速工業化，並不斷提高自己的全球地位。另一個需要特別強調的事實是，儘管兩國領導人經常視彼此為異己，但其他國家的民眾有時卻會認為，中國和美國屬於同一種類型的國家。

我開始意識到這一點是在一九九〇年代。當時我受邀前往瑞典就北京和華盛頓之間就各自國家人權狀況的辯論發表看法。在那場講座上，我探討的一個主題就是比較美中兩國在人權問題上的不同側重：美國發佈的中國人權報告非常注重援引聯合國人權文件中關於公民、宗教自由和言論自由的條款；而中國關於美國的人權報告，則側重於該文件中提及的社會和經濟權利。我隨後指出，這就使得在侵犯人權的問題上，美中兩國可能視彼此為離群國家（Outlier Country）：美國指責北京監禁異議人士；中國則認為，儘管美國很富裕，它卻無力解決無家可歸者和缺乏健康醫療保險等問題。

在講座開始前，我接受了一家大學廣播站的採訪。其間，學生主持人快速表明她的看法：對她（也許還有許多瑞典人）而言，在人權問題上，美國和中國都是離群國家。這是因為，在訪談一開始，她便將焦點放在了死刑問題上，並稱在她的眼中，死刑是一個嚴肅的人權問題，而與多數大國不同，美國和中國仍是執行死刑的兩個主要國家。

同樣地，在國際關係領域，儘管華盛頓和北京都極力強調它們的不同，但其他國家的人們卻對美中之間的相似之處印象深刻。比如，歐洲和印度的知識份子注意到，華盛頓和北京在竭盡全力獲得石油方面似乎有著共同的嗜好——部分美國外交政策的批評人士有時也會提到這一點。

此外，美中兩國領導者都有一種長期的傾向，堅信他們的國家在根本上痛恨任何形式的「帝國主義」，但有時候，這兩個國家卻又時刻準備將自身關於「現代性」和「文明」的願景強加給其他不願服從的族群。[12]這便意味著，當思考北京對西藏和新疆所採取的政策時，美國人不應忘記他們在夏威夷、伊拉克和印第安原住民等問題上的觀點和態度。許多美國人對「夏威夷並非真正意義上的美國國土」這一觀點不屑一顧；一九五九年，夏威夷成為美國的一個州，也正是在這一年，達賴喇嘛開始海外流亡。華盛頓有時非常渴望將伊拉克轉變成一個籠罩在美國保護傘下的「自治」國家；和新疆一樣，伊拉克也盛產石油，美國希望能夠在未來開採這裡的石油。也許更引人注目的是，中國目前對待邊疆民族的方式看起來與十九世紀美國對待印第安原住民的方式如出一轍。上述類比也許並非找不到可詬病之處，但它們卻有利於說服美中兩國的人們，使他們反思長期以來的固有觀念，即美中兩國的傳統截然不同。

中美之間有哪些共同之處？

中美之間還存在許多其他相似之處，其中的一些恰恰是美國人樂於批評中國的事情。例如，正如何偉（Peter Hessler）在一篇關於中國的「速成城市」的文章中所指出的，那座城市許多工廠的機器都是自美國盜版而來的山寨貨，而美國當初的工業起飛也部分受到這類「反向工程」（Reverse Engineering）的推動，使得美國早期新興城鎮的商人可以免費使用英國的專利技術。[13]正如美國歷史學家史蒂芬．米姆（Stephen Mihm）所指出的，十九世紀晚期，歐洲人眼中的美國，就如當前美國人眼中的中國一樣，同樣是一個生產劣質商品甚至危險品，並發行盜版暢銷書的國家（狄更斯曾痛苦地抱怨，他那些未經授權的著作在美國不知被賣出了多少本）。[14]兩國的另一個共同之處是，十九世紀末至二十世紀中期，美國同樣大規模地建設火車和高速公路系統，將曾經相互隔絕的區域連為一體，這有時候被稱為工程奇跡，而這是中國正在做的事情（中國的青藏鐵路是一個近期的典型例子）。美國也熱衷於建設巨型水壩，中國政府亦然。正如《科學美國人》近期的一篇文章所指出的：今日的中國「作為一個開發中國家，正在經歷人類歷史上空前的能量轉移，而其驅動力卻可以追溯至一九五〇年代美國的工程樂觀主義（Engineering Optimism）。」[15]

也正是在那個時代，美國首次舉辦了世界博覽會和夏季奧運會。正如世界著名競技人類學家包蘇珊（Susan Brownell）所提醒我們的，當一九〇四年美國第一次舉辦夏季奧運會時（在此之前，該賽事一直都在歐洲舉辦），一些外國評論家認為，國際奧委會讓美國舉辦奧運會是一個嚴重的錯誤，因為美國也許經濟繁榮，但卻明顯沒有為此做好準備。[16]這一幕在二〇〇八年北京奧運會前夕再次上演。

這些共同之處是否意味著美國人要避免批評中國呢？

讓人們認識到美中之間的上述相似之處，並不會阻止他們批評中國所發生的事情，也不會使他們打消這種念頭，反之亦然。但它的確表明，正如米姆所指出的，「要想知道如何同中國打交道，我們就必須從自身歷史中尋找指引，否則就會栽跟頭。」並且當美國人在某些事情上批評中國時，「多一點將心比心的心態是恰當的」。[17]如果美中兩國的國民對彼此的共同點和區別都能給予同等程度的思考，那麼更可能出現的是：無論雙方採取何種批評方式，它們都不會像過去那樣充滿傲慢和居高臨下。

另一個有助於緩和誤解的做法是，讓兩國人民增強彼此之間的瞭解。我希望美國讀者讀到這裡，與他們剛翻開第一頁時相比，能夠對中華人民共和國的人民的基本狀況有一些更多的瞭解。並且我期盼有那麼一天，可以向中國朋友介紹一本類似的關於美國的書籍，它將與此書一樣，本著推進敘事正常化的目標，將目光投向大洋彼岸那個龐大的、富有異國風情的國家，它同樣堅持反帝的立場。這本書也許會叫做《美國一把抓》。

的漢學研究生，他們認真聆聽我對中國近期事件的解讀，並提出了許多建設性的批評意見；感謝Jeremy Friedlein以及CET學術項目(CET Academic Programs)的其他人，他們幫助我多次前往中國；感謝Jon Wiener，每一位對過去和現在進行橫跨學術性和大眾寫作的作者都渴望有這樣一位優秀的同事；還要感謝美國亞洲協會(Asia Society)、美中關係國家委員會(National Committee on U.S.-China Relations)、加州大學爾灣分校自由新聞專案(UCI' s Literary Journalism Program)、《洛杉磯書評》(*the Los Angeles Review of Books*)、《異議者》雜誌(*Dissent* magazine)和上海國際文學節等充滿活力的機構的傾力合作。最後，我還要大聲地對一些人表達感謝，他們從各個環節為我提供幫助，或與我分享他們對中國的思考，或在某些時候與我共同撰寫文章，或組織學術活動，事實證明這些學術活動在幫助我提出本書的問題和答案方面發揮了尤為關鍵的作用，他們是：Ian Johnson,Angilee Shah,Louisa Lim,Rachel Beitarie,Stephen Platt,Susan Jakes,Evan Osnos,Tom Mullaney,Rob Schmitz,Kaiser Kuo,Jeremy Goldkorn,Mengfei Chen,Tania Branigan,John Ruwitch,Niko Pfund, David Moser,Lijia Zhang,Annie Tully,Lisa Movius,John Flower,Paul French,Lynn Parisi,Karla Loveall,Victoria Augustine,Li Ling, Helena Kolenda,Dan Washburn,Tina Kanagaratnam和Mei Fong。

要在「人人須知的關於中國」的事情與僅僅是我感興趣的方面作出區分。

（致第二版）

第二版的面世與兩個人的努力和好意密不可分。一位是牛津大學出版社的Tim Bent。在最初籌備第一版的時候，他就是一位不懈的支持者；對於出版第二版的想法，他仍一如既往地給予支援。另一位是Maura Elizabeth Cunningham，她愉快地接受邀請，與我共同應對一些棘手的關於新增內容的寫作任務，這些新增加的內容所處理的是自第一版面世以來中國所發生的一系列令人眼花繚亂的事件。我還欠她一個很大的人情；她不僅僅是本書封面上的「供稿人」，其貢獻並不僅限於後幾章中隨處可見的新的問題和答案，她還在提升本書前半部分行文的流暢性方面付出了許多心血。

同樣還要向許多人表示感謝，包括第一版面世後所有協助籌備新書發佈會的人們（這裡無法一一列舉）。第二版中新增加的一些問題便來自這些發佈會，還有一些問題來自學識淵博的廣播節目主持人，他們邀請我參加他們關於本書第一版的訪談節目。此外，我還要感謝牛津大學出版社的Christian Purdy，他在第一版的發行過程中便做出了出色的貢獻，在第二版的發行上，也同樣表現出一以貫之的精神；感謝加州大學爾灣分校他們在"China Beat"專案和與之相關的《*China in 2008: A Year of Great Significance*》一書(這本書最初便源自"China Beat")上的精誠合作。

我要特別感謝Nicole Rebec。她仔細完整地閱讀了本書的初稿，幫助確定文章風格。同樣要感謝的還有Nancy Toff，正是她使我首次參與到了牛津大學出版社紐約辦公室那令人不可思議的運作當中。

同樣的感謝還要送給Pankaj Mishra,Geremie Barmé,Timothy Garton Ash,Alec Ash,Prasenjit Duara,Harriet Evans,Mark Selden,Timothy Weston,Mary Gallagher,Liz Perry,Gail Hershatter和Barbara Mittler，他們在2009年通過談話和郵件往來與我探討了本書所涵蓋的相關話題。對此，有些人可能已經淡忘了，但正是這些交流塑造了我對一些關鍵議題的看法。在之前某本書的致謝部分，我對各種大眾期刊的編輯們表示了感謝，他們對我所撰寫的一些短文所作的評論，促使我從單純的為學術寫作轉變為整體上的為大眾寫作。我依然對他們懷有感激之情，同時還要為這個名單增加一些名字：Joan Connell,Josh Burek,Kate Palmer,Liam Fitzpatrick,Colin McMahon和Nick Goldberg。

我還要感謝我的恩師Michael Freeman。他充滿啟發的授課使我首次接觸到我所「須知」的關於中國的事情，那時我還是一位大學新生。由於顯而易見的原因，最後我還要一如既往地感謝Anne Bock。並且，在本書的寫作過程中，她一直使我清醒地認識到，我們共同發表的評論文章為基礎形成的)。Vanessa Schwartz、Rob Culp、Peter Zarrow, 和Kate Edgerton-Tarpley還抽空(第一時間)閱讀了本書的全部手稿,並向我提出了進一步改進的寶貴建議,這些幫助都超越了他們所負職責的要求(甚或友誼)。

感謝我在印第安那大學以及當前所在的加州大學爾灣分校的許多同事。他們與我多次進行交談,使我對中國以及它與其他國家的異同有了更多的瞭解。要感謝的人太多,在這裡無法一一列舉,但我必須提到的是:曾經或依然就職於印第安那大學的Maria Bucur,Jeff Isaac, Jeff Gould, Nick Cullather, Mike Grossberg,John Bodnar,Sue Tuohy,Scott O' Bryan,Scott Kennedy,Jeff Veidlinger,Ben Nathans,Mark Roseman, Kumble Subbaswamy和Michael Curtin,以及加州大學歐文分校的Ken Pomeranz,Vinayak Chaturvedi,Bob Moeller,Emily Rosenberg,Yong Chen,Guo Qitao,Dorothy Solinger,Laura Mitchell,Kavita Philip和Jennifer Munger。

我還要感謝參與到"China Beat"部落格中的每一位人士,這個部落格於2008年1月在加州大學爾灣分校發起。對這個項目的參與使我經歷了一次異常珍貴的再教育,無論是對中國的認識還是對我的寫作而言。它還是一個絕佳的例子,證明一個刻意模糊或完全忽視研究生和教師、專業學者和具有學術傾向的自由作家等等之間界限(這種界限往往是不必要的)的群體,也可以取得怎樣的成就。我對"China Beat"的所有撰稿人充滿感激(人數太多在這裡無法一一列舉),尤其要感謝Kate Merkel-Hess,Ken Pomeranz,Maura Cunningham,Miri Kim和Susan McEachern,感謝

致　謝ACKNOWLEDGMENTS

（致第一版）

我要對許多人表達謝意。首先要感謝我的學生們以及所有聆聽過我的演講的人們，過去二十年間我先後在四大洲十四個不同的國家舉行了關於中國的演講。他們提出的問題幫助我確定了書中所要處理的議題是什麼。我還要萬分感謝牛津大學出版社的Tim Bent和Dayne Poshusta，以及他們為本書的出版建議書（book proposal）所徵集到的匿名讀者，正是他們指引我對書中所列的問題進行了再次提煉。Tim是本書的責任編輯，我要感謝他一如既往的支持、永遠的風趣幽默以及將本書散亂的篇幅整合為一個整體的辛勤付出。感謝Dayne，在本書籌備的一個關鍵階段，他以犀利的眼光對書稿進行了審讀。

我還要感謝給我帶來莫大幫助的朋友和同事們，他們或解答我的困惑，或聆聽我闡述自己的觀點，或在第一時間閱讀其中的一章或幾章，並給出意見。他們是：Susan Brownell,Tim Oakes,Tim Weston,Lisa Claypool, Susan Fernsebner, Lee Haiyan（李海燕）, Sara Friedman,Benjamin Read, 和 Kate Merkel-Hess（我要單獨對Kate Merkel-Hess表示特殊感謝，因為本書的許多內容都是以

14 Stephen Mihm, "A Nation of Outlaws," in Kate Merkel-Hess et al., *China in 2008: A Year of Great Significance* (Lanham, MD : Rowman& Littlefield , 2009).

15 David Biello, "Can Coal and Clean Air Co-exist in China?" *Scientific American* , August 4 , 2008, http://www.scientificamerican.com/article.cfm?id=can-coal-and-clean-air-coexist-china (accessed November 16 , 2012).

16 "America's and Japan's Olympic Debuts: Lessons for Beijing 2008 (and the Tibet Controversy)," *Japan Focus* # 2754 , 2008 , http://www.japanfocus.org/-Susan-Brownell/2754 (accessed November 16 , 2012).

17 Mihm, "Nation of Outlaws," p. 278 .

fortunes-of-elite.html (accessed November 16, 2012); David Barboza, "Billions in Hidden Riches for Family of Chinese Leader," *New York Times* , October 25, 2012, http://www.nytimes.com/2012/10/26/business/global/family-of-wen-jiabao-holds-a-hidden-fortune-in-china.html (accessed November 16, 2012).

10 Christina Larson, "Apocalypse Mao," *Foreign Policy* , November 15, 2012, http://www.foreignpolicy.com/articles/2012/11/15/apocalypse_mao (accessed November 16, 2012).

11 在本書第一版完成後，我收到了芝加哥大學歷史系講座教授兼系主任康明思（Bruce Cumings）所著的*Dominion from Sea to Sea: Pacific Ascendancy and American Power* (New Haven, CT: Yale University Press, 2009)一書的新版樣書。正如其書名所顯示的，這本書的主要論述對像是美國。但在書的結尾，作者卻樂於接受這樣一種不同尋常的觀點，即美中兩國存在諸多共同之處。如果我在書中對美中兩國共同點的討論引起了讀者對這一主題的興趣，那麼我強烈建議大家關注康明思（Bruce Cummings）關於美國外交政策的強有力表述。

12 See Pankaj Mishra, "At War with the Utopia of Modernity," *Guardian* , March 22 , 2008, http://www.guardian.co.uk/commentisfree/2008/mar/22/tibet.china1 (accessed November 16 , 2012).

13 何　偉（Peter Hessler）, "China's Instant Cities," *National Geographic* , June 2007, http://ngm.nationalgeographic.com/2007/06/instant-cities/hessler-text (accessed November 16 , 2012).

nationalism/261422/ (accessed November 16, 2012).

4 See Suisheng Zhao, "China's Pragmatic Nationalism: Is It Manageable?" *Washington Quarterly* 29 , no. 1 (Winter 2005 – 2006), pp. 131–144 ; and Dune Lawrence, "Carrefour Boycott Has China Reining in Supporters," Bloomberg News , April 29 , 2008 , http://www.bloomberg.com/apps/news?pid=newsarchive&sid=aw1fsXdRYEvU&refer=asia (accessed November 16, 2012).

5 關於這一議題，參見裴宜理(Elizabeth J. Perry)和韓博天(Sebastian Heilmann)所編的*Mao's Invisible Hand: The Political Foundations of Adaptive Governance in China* (Cambridge, MA : Harvard University Press , 2011).

6 Chen Xin and Zhi Yun, "China's Coal Mines Still Risky," *China Daily,* August 25, 2012, http://www.chinadaily.com.cn/china/2012–08/25/content_15705033.htm (accessed November 16, 2012).

7 彭慕蘭(Kenneth Pomeranz), "The Great Himalayan Watershed," *New Left Review* 58 (July/August 2009), pp. 5–39 .

8 Ananth Krishnan, "Corruption, Reforms Dominate China's Communist Party Meet Opener," *The Hindu* , November 8, 2012, ht tp://www.thehindu.com/news/internat ional/hu-talkstough-on-corruption-as-china-opens-transition-congress/article4076505.ece (accessed November 16, 2012).

9 "Xi Jinping Millionaire Relations Reveal Fortunes of Elite," Bloomberg News, June 29, 2012, http://www.bloomberg.com/news/2012–06–29/xi-jinping-millionaire-relations-reveal-

一種「具有異國情調的」文化，他們仍會將西藏視為一個旅遊目的地。

第六章

1 張彤禾(Leslie T. Chang),《工廠女孩》*Factory Girls: From Village to City in a Changing China* (New York : Spiegel &Grau , 2008), p. 12 .

2 Edward Wong, "Ending Congress, China Presents New Leadership Headed by Xi Jinping," *New York Times* , November 14, 2012, http://www.nytimes.com/2012/11/15/world/asia/communists-concludeparty-congress-in-china.html?_r=0 (accessed November 16, 2012).

3 關於一篇睿智而通俗易懂、從學術角度切入的說明文章，請參閱駱思典(Stanley Rosen), "Contemporary Chinese Youth and the State," *Journal of Asian Studies* 68 , no. 2 (May 2009), pp. 359–369 ;關於針對該主題的最高水準的新聞報導，請參閱歐逸文(Evan Osnos), "Angry Youth," *New Yorker* , July 28 , 2008 , http://www.newyorker.com/reporting/2008/07/28/080728fa_fact_osnos (accessed November 15, 2012). 2012年8月和9月爆發的反日抗議遊行，激起了人們對中國民族主義複雜性的新一輪討論，最使人感興趣的論述之一是 Helen Gao, "Diaoyu in Our Heart: The Revealing Contradictions of Chinese Nationalism," *The Atlantic* , August 22, 2012, http://www.theatlantic.com/international/archive/2012/08/diaoyu-in-our-heart-the-revealing-contradictions-of-chinese-

China's Brave New World ,p. 125.

10 對於這種論點的早期和近期例證，詳見John J. Thacik, "China's Orwellian Internet," Heritage Foundation Backgrounder # 1806 (October 8 , 2004), http://www.heritage.org/research/asiaandthepacific/bg1806.cfm (accessed August 26, 2012); and William Pesek, "Web Porn Won't Hurt China as Much as Orwell Will," Bloomberg News , June 22 , 2009, http://www.bloomberg.com/apps/news?pid=20601039&sid=aIHVyrLaYtiQ (accessed August 26, 2012).

11 金玉米（Jeremy Goldkorn）, "Dystopia and Censorship," Danwei website ,August 27 , 2009, http://www.danwei.org/internet_culture/dystopia_and_censorship.php
(accessed August 26, 2012). 金玉米的這篇文章以《每日電訊報》2009年8月26日刊出的他的一篇重要專欄"China's Internet, the Wild, Wild East"的摘錄為框架，然而正如他所指出的，這篇專欄文章並未出現我們在上面所引用的那段涉及歐威爾和赫胥黎的文字，後來他在上面的連結所指向的那個版本中糾正了這個遺漏。

12 過去我從未想過西藏和夏威夷之間的相似性，直到與政治學家裴宜理（Elizabeth J. Perry）進行了一次交談。在那次交談中，她順帶提到，當美國人問她關於2008年3月拉薩衝突事件時，她發現西藏和夏威夷的類比有助於回答這方面的問題。她當時語焉不詳，但這個極為貼切的說法 那間使我茅塞頓開——尤其是因為雖然不少漢族中國人感受到了西藏問題的政治面向，但只要他們想在一個壯麗的自然環境中感受國視為歐威爾式的老大哥國家」這一做法的富有價值的補充或替代。這些評論包括：傅好文(Howard W. French), "Letter from China: What If Beijing Is Right?" *New York Times* , November 2 , 2007,http://www.nytimes.com/2007/11/02/world/asia/02iht-letter.1.8162318.html?pagewanted=1&_r=1 (accessed August 26, 2012); Rana Mitter, *Modern China: A Very Short Introduction* (Oxford : Oxford University Press , 2007); Marcus Anthony, "The New China: Big Brother, Brave New World, or Harmonious Society?" *Journal of Future Studies* 11, no. 4 (May 2007), pp. 15–40 , http://www.scribd.com/doc/16999747/China-Big-Brother-Brave-New-World-or-Harmonious-Society(accessed August 26, 2012);以及上面所引述的金玉米的文章。我發表的首篇討論這種類比的相對價值的文章是"China's Brave New World," *Current History* 102 , no. 665 (September 2003), pp. 266–269 ;這篇文章的擴展版成了我之後出版的*China's Brave New World—And Other Tales for Global Times* (Bloomington: Indiana University Press, 2007), pp. 125–132一書同名章節的內容。認為赫胥黎和歐威爾也許能夠提供一個認識中國現象——包括與網遊聯繫在一起的使民眾分散其政治注意力的文化(我曾在2003年發表的文章中提到這一點)——的有用視角的觀點絕非我首次提出。事實上，早在1997年，在上面提及的《連線》雜誌關於網路審查的文章"The Great Firewall of China"中，白傑明和桑曄就已經把「美麗新網路」作為他們文章章節的子標題了。

9 要對這封信有更多的瞭解，請參閱華志堅(Wasserstrom),

一文中再次引用了「中國博格人」這個科幻概念。

3 See, for example, Jeffrey N. Wasserstrom, "Student Protests in Fin-de-Si ècle China," *New Left Review* 237 (September/October 1999), pp. 52–76 .

4 關注「漢族」內部的族群差異和某個特定群體的引人入勝的討論，詳見Sara L. Friedman, "Embodying Civility: Civilizing Processes and Symbolic Citizenship in Southeastern China," *Journal of Asian Studies* 63 , no. 3 (August 2004), pp. 687–718。

5 對多種多樣的纏足方法的討論，詳見Dorothy Ko, Cinderella's Sisters: *A Revisionist History of Footbinding* (Berkeley : University of California Press , 2007).

6 漢族中國人往往使用包含動物性詞根的詞語來稱呼被認為「文明程度較低的」民族，詳見DruGladney, *Dislocating China: Reflections on Muslims, Minorities, and Other Subaltern Subjects* (London : C. Hurst , 2004), p. 35。類似的情形還存在於對城市外來人口的歧視方面，如上海當地居民將上海的蘇北人視為劣等人口並稱他們為「蘇北豬」，詳見Emily Honig, *Creating Chinese Ethnicity: Subei People in Shanghai, 1850–1980* (New Haven, CT : Yale University Press , 1992).

7 Carl Haub, "China Releases First 2010 Census Results," *Population Reference Bureau* , May 2011, http://www.prb.org/Articles/2011/china-census-results.aspx (accessed August 26, 2012).

8 關於《美麗新世界》與當前中國的相關性，近幾年出現了幾篇有趣的評論，它們有時將這種相關性呈現為「將中

24 Pallavi Aiyar, "Urumqi Is Not Too Different from Godhra," Business Standard , July 16, 2009, http://www.business-standard.com/india/news/pallavi-aiyar-urumqi-is-not-too-differentgodhra/364008(accessed February 19, 2013).

第五章

1 對這種現象作出經典說明的仍然是伊羅生（Harold Isaacs）所著*Scratches on Our Minds: American Views of China and India* (Armonk, NY : M. E. Sharpe , 1997)，該書是1958年第一版的再版，它的導言將所討論的故事推進至1980年；也可見史景遷（Jonathan D. Spence）所著的《大汗之國：西方人眼中的中國》（台灣商務印書館，2000）；關於這方面優秀的重要資料彙編，還可見馬克林（Colin Mackerras）所著的*Sinophiles and Sinophobes: Western Views on China* (New York : Oxford University Press , 2001)。

2 Ethan Gutman, "A Tale of the New China: What I Saw at the American Embassy in Beijing," *Weekly Standard* , May 24 , 1999, p. 23 ;作者寫道：「在北京的時候感到既令人興奮又讓人昏昏欲睡：這個下個世紀的超級強權的首都，終有一日會成為世界的中心，它的年輕人就象《星際迷航》中的博格人，兩者在討厭我們國旗和我們陰謀上面的態度是一致的。」（文中的「陰謀」是指這樣一種事實，即中國社會存在一種普遍的假設，這種假設到現在仍然存在，那就是北約對中國駐貝爾格勒大使館的轟炸是有意的，而非一種失誤。）同位作者在2002年2月25日出版的《旗幟週刊》「誰失去了中國網路」

29日李小鵬擔任山西省省長〉。而他的妹妹李小琳，則是華能集團最重要的子公司中國電力國際發展有限公司董事長（一家香港企業）。」彭慕蘭（Kenneth Pomeranz），"The Great Himalayan Watershed," *New Left Review* 58 (July/August 2009), pp. 5–39。

22 裴欣敏，"The Dark Side of China's Rise," *Foreign Policy*, March/April 2006, http://www.foreignpolicy.com/articles/2006/02/17/the_dark_side_of_chinas_rise(accessed November 13, 2012),裴敏欣證明了使用「裙帶資本主義」概念思考中國問題的可行性，但在文中也把中國形容為「新列寧主義」國家。

23 對於早期使用「市場列寧主義」這一用語的分析，詳見紀思道（Nicholas Kristof）發表在1993年9月6日《紐約時報》上的文章"China Sees 'Market-Leninism' as Way to Future"。近年來，不少人使用「具有中國特色的資本主義」一詞並賦予其特殊含義。比如，它被Shawn Breslin作為其一篇論文的題目"Capitalism with Chinese Characteristics: The Public, the Private and the International," Murdoch University Asia Research Centre, Working Paper 104 (August 2004)；接著，它成了甘思德（Scott Kennedy）在印第安那大學召開的一場研討會的名稱，"Capitalism with Chinese Characteristics: China's Political Economy in Comparative and Theoretical Perspectives" (May 19–20, 2006)；之後，它又出現在一本書的封面上，這就是黃亞生所著的*Capitalism with Chinese Characteristics: Entrepreneurship and the State* (Cambridge: Cambridge University Press, 2008)一書。

18 對於「經期員警」的生動描述，詳見張麗佳的優秀回憶錄 *"Socialism Is Great!": A Worker's Memoir of the New China* (New York : Atlas , 2008).

19 Mara Hvistendahl, *Unnatural Selection: Choosing Boys over Girls, andthe Consequences of a World Full of Men* (New York : Public Affairs ,2011).

20 對「一胎化政策」的討論，詳見Tyrene White, China's Longest Campaign (Ithaca, NY : Cornell University Press , 2006); Susan Greenhalgh, *Just One Child: Science and Policy in Deng's China* (Berkeley : University of California Press , 2008); and Wasserstrom, "Resistance to the One-Child Family," *Modern China* 10 , no. 3 (July 1984), pp. 345–374.

21 如欲瞭解產業界和政府部門在當代中國可以變得多麼緊密相連，就去思考一下彭慕蘭(Kenneth Pomeranz)在下面所提供的一篇概述，在這篇概述中彭慕蘭指出了三峽大壩工程中國家和私人部門之間的模糊界限：「雖然該工程的組織方(分為母公司和眾多的子公司，它們獲得授權，控制著這個中國政府最大的(事實上也是世界最大的)水利工程的不同部分)允許水壩建設者利用私人資本市場及法人組織的優勢，然而它們與國家的聯繫仍然至關重要。擁有瀾滄江(處在湄公河上游)開發權的華能電力集團，直到2008年6月2日為止一直由李小鵬擔任董事長，而李小鵬是中國前總理李鵬(三峽大壩的主要宣導者)的兒子。李小鵬與許多其他中國領導人一樣，也擁有工程方面的專業背景。他業已棄商從政，擔任山西省副省長，主管工業和煤炭生產。〈譯注：2013年1月

15 例如，詳見2009年6月19日發佈於Salon.com部落格網站"How the World Works"欄目的由Andrew Leonard所撰寫的"Tiananmen's Bloody Lessons for Tehran," http://www.salon.com/tech/htww/2009/06/19/tiananmen_and_tehran; and Tony Karon, "Iran: Four Ways the Crisis May Resolve," *Time*, June 18, 2009, http://www.time.com/time/world/article/0,8599,1905356,00.html (accessed November 13, 2012)。在此，我要對蕭強表示感謝，他幫我澄清了中國和伊朗網路控制手法的一些相似之處，並著重指出，德黑蘭當局網路審查手段的老練程度和行動速度均不及北京當局。

16 對「防火長城」和「網路保姆」這兩個用語之間重疊使用情況及差異所做的討論，請參閱ULN（一位匿名部落客，沒有人知道其性別，他（或她）自稱是「在上海快樂生活的外國人」）2009年1月22日發佈在中國友人部落格（Chinayourcn：Of China Changing the World）上的文章，"China's Internet Censorship Explained," http://chinayouren.com/en/2009/01/22/1334 (accessed November 13, 2012)。對該現象的許多相關討論也可以在以下網站找到：RConversation (http://rconversation.blogs.com), Danwei (http://www.danwei.com), China Digital Times (http://chinadigitaltimes.net/), and the Hong Kong–based China Media Project (http://cmp.hku.hk/).

17 詳見法新社新聞專線報導，"One-Child Policy Debate Reignited in China," http://www.google.com/hostednews/afp/article/ALeqM5jTNZgyU-1RdjeM0ShUkmCnY3CdAw (accessed November 13, 2012).

(accessed August 22, 2012).

11 關於對莫言作品的評估以及他是否有資格贏得諾貝爾文學獎，一位備受尊敬的中國文學研究專家在一組思慮周到的文章中，徑直給出了相反的評估，詳見在一次訪談中，Sabina Knight對我的問題所作出的回復, "China's Latest Laureate: Chinese Lit Scholar Answers Questions about Mo Yan," *Los Angeles Review of Books* , October 12, 2012, http://lareviewofbooks.org/article.php?id=1003 (accessed December 11, 2012); and 林培瑞(Perry Link), "Does This Writer Deserve the Prize?," *New York Review of Books* , December 6, 2012, http://www.nybooks.com/articles/archives/2012/dec/06/mo-yan-nobel-prize/?pagination=false(accessed December 11, 2012).

12 林培瑞(Perry Link), "Liu Xiaobo's Empty Chair," *New York Review of Books* blog , December 13, 2010, http://www.nybooks.com/blogs/nyrblog/2010/dec/13/nobel-peace-prize-ceremony-liu-xiaobo/(accessed August 22, 2012).

13 Maura Elizabeth Cunningham 和華志堅(Jeffrey N. Wasserstrom), "Authoritarianism: There's an App for That," *Chinese Journal of Communication* 5 , no. 1 (March 2012), pp. 43–48 .

14 我所知道的首篇探討「防火長城」隱喻的英文分析出現在早期的一篇由白傑明(Geremie R. Barmé)和桑曄(Sang Ye)撰寫的關於中國網路的重要文章中，"The Great Firewall of China," *Wired* 5 , no. 6 (June 1997), pp. 138–150 , http://www.wired.com/wired/archive/5.06/china_pr.html (accessed November 13, 2012).

, 2000); and Bruce Dickson, *China's Red Capitalists: The Party, Entrepreneurs, and Prospects for Political Change* (Cambridge : Cambridge University Press , 2003).

6 藍詩玲(Julia Lovell), *The Opium War: Drugs, Dreams and the Making of China*(London : Picador , 2011) 該書對八九事件之後愛國主義教育運動做了延伸討論。

7 相當說明問題的一個典型案例，詳見“China Dismisses Local Leaders after Angry Protest,” a July 25, 2009, Associated Press reporthttp://www.guardian.co.uk/world/feedarticle/8625966 (accessedNovember 13, 2012).

8 Kevin J. O'Brien, “Rural Protest,” *Journal of Democracy* 20 , no. 3 (July2009), pp. 25–28 .

9 王大為(David Ownby), “China's War against Itself,” *New York Times* ,February 15, 2001, http://www.nytimes.com/2001/02/15/opinion/china-s-war-against-itself.html (accessed November 13, 2012). 王大為教授在文末宣稱「法輪功召喚起一種不同的中國傳統和中國當代價值觀的想像，如今正對黨和國家形成了威脅，因為這種想像否認中共擁有定義中國民族主義乃至中國性(Chineseness)的含義的唯一權力」。詳情也可以參考王教授的著作*Falun Gong and the Future of China* (New York : Oxford University Press , 2008).

10 林慕蓮(Louisa Lim)和華志堅(Jeffrey Wasserstrom), “The Gray Zone: How ChineseWriters Elude Censors,” *New York Times* , June 15, 2012, http://www.nytimes.com/2012/06/17/books/review/how-chinese-writers-elude-censors.html?pagewanted=all

來，也經常被貼上這一標簽。

21 張戎和哈利戴，《毛澤東：鮮為人知的故事》*Mao: The Unknown Story* (New York : Knopf , 2005).

22 "Mao References in Anti-Japan Protests a Concern for Chinese Authorities," *Asahi Shimbun* , September 18, 2012, http://ajw.asahi.com/article/asia/china/AJ201209180053 (accessed November 12, 2012).

第四章

1 欲廣泛流覽中華人民共和國的宣傳海報，請點擊http://chineseposters.net (accessed August 13, 2012).

2 傅高義(Ezra F. Vogel),《鄧小平改變中國》*Deng Xiaoping and the Transformation of China* (Harvard,MA : Belknap Press of Harvard University Press , 2011).

3 George Black and Robin Munro, *Black Hands of Beijing: Lives of Defiance in China's Democracy Movement* (New York : John Wiley ,1993).

4 關於近年來對《共產黨宣言》作為一個對全球化有先見之明的文本的重新發現，以及Thomas Friedman(無論如何都無法將Friedman與極左人士劃上等號)等人在這方面的評論，詳見"Afterword: Is the Manifesto Still Relevant?" in Philip Gaster, ed., *The Communist Manifesto: A Road Map to History's Most Important Political Document* (Chicago : Haymarket , 2005).

5 例如,詳見Edward Friedman and Barrett L. McCormick, eds., *What If China Doesn't Democratize?* (Armonk, NY : M. E. Sharpe

1945–1949 (Berkeley : University of California Press , 1978).

14 這是引述中國總理周恩來的原話，參見John Gardner, "The Wu-fan Campaign in Shanghai," in A. Doak Barnett, ed., *Chinese Communist Politics in Action* (Seattle : University of Washington Press , 1969), p. 477 .

15 史景遷(Jonathan D. Spence),《尋找現代中國》*The Search for Modern China* , 2nd ed. (New York :Norton , 1999), pp. 498–513 .

16 Susan Glosser, *Chinese Visions of Family and State, 1915–1953* (Berkeley : University of California Press , 2003).

17 Gail Hershatter, *The Gender of Memory: Rural Women and China's Collective Past* (Berkeley : University of California Press , 2011), chap. 7.

18 Mark Selden, ed., *The People's Republic of China: A Documentary History of Revolutionary Change* (New York : Monthly Review Press , 1979), p. 213 .

19 史景遷(Spence), *The Search for Modern China* , p. 553; and Carl Riskin, "Seven Questions about the Chinese Famine of 1959–61," *China Economic Review* 9 , no. 2 (1998), pp. 111–124 .

20 欲瞭解中國歷史上更多針對「龍夫人」的比喻，請參閱Paul French, "Tale of the Dragon Lady," *Foreign Policy* , June 26, 2012, http://www.foreignpolicy.com/articles/2012/06/26/tale_of_the_dragon_lady (accessed November 16, 2012). 薄熙來的妻子，谷開來,自從2012年薄被褫奪了權力，且她自己被捕並判刑以

翻譯的 *The Real Story of Ah-Q and Other Tales of China: The Complete Fiction of Lu Xun* (New York : Penguin, 2010)。

5 關於毛時期魯迅地位上升的一種小說化呈現，見余華《十個詞彙裡的中國》(麥田出版社，2011)一書中關於「魯迅」的部分。

6 Arif Dirlik, *The Origins of Chinese Communism* (Oxford : Oxford University Press , 1989).

7 Richard Rigby, *The May Thirtieth Movement: Events and Themes* (Canberra : Australia National University Press , 1980).

8 Donald Jordan, *The Northern Expedition: China's National Revolution of 1926–1928* (Honolulu : University of Hawaii Press , 1976); and, for the Workers' Uprisings, 參見 裴宜理(Elizabeth J. Perry), *Shanghai on Strike: The Politics of Chinese Labor* (Stanford, CA : Stanford University Press , 1993).

9 埃德加.斯諾,《紅星照耀中國》(1938; repr., New York : Grove Press ,1968).編注：中文有刪節版本。

10 費正清(John King Fairbank)和谷梅(Merle Goldman), *China: A New History* (Cambridge, MA: Belkna p Press of Harvard University Press , 1998),p. 305; R. Keith Schoppa, *Revolution and Its Past: Identities and Change in Modern Chinese History* (Upper Saddle River, NJ : Prentice Hall , 2002), p. 235 .

11 Benjamin Yang, *From Revolution to Politics: Chinese Communists on the Long March* (Boulder, CO : Westview , 1990).

12 Schoppa, *Revolution and Its Pas*t , p. 257.

13 Suzanne Pepper, *Civil War in China: The Political Struggle,*

Imperial China (Cambridge, MA : Harvard University Press , 1976).

7 費正清(Fairbank)和谷梅(Goldman), *China: A New History* , pp. 189–191.

8 Henrietta Harrison, *The Making of the Republican Citizen: Political Ceremonies and Symbols in China, 1911–1929* (Oxford : Oxford University Press , 2000).

9 Harrison Salisbury, *The New Emperors: China in the Era of Mao and Deng* (New York : Avon Books , 1992). 有中文譯本。

10 高安西(John Garnaut), "A Family Affair," *Foreign Policy* , May 30, 2012, http://www.foreignpolicy.com/articles/2012/05/30/a_family_affair (accessed August 6, 2012). 澳洲悉尼晨鋒報駐華記者高安西對中國太子黨撰寫了廣泛的報導；他已經出版了一本短篇幅的電子書，The Rise and Fall of the House of Bo (Penguin, 2012)，並正準備針對該主題撰寫一部篇幅更長的著作。

第三章

1 Marie-Claire Bergère, *Sun Yat-sen* , translated from the French by Janet Lloyd (Stanford, CA : Stanford University Press , 1998).

2 James E. Sheridan, *China in Disintegration: The Republican Period in Chinese History, 1912–1949* (New York : Free Press , 1975).

3 Rana Mitter, *A Bitter Revolution: China's Struggle with the Modern World* (Oxford : Oxford University Press , 2004).

4 魯迅作品最有名的英文版文集是由藍詩玲(Julia Lovell)所

com/2011/04/23/world/asia/23confucius.html (accessed July 19,2012).

12 彭慕蘭(Kenneth L. Pomeranz), *The Great Divergence: China, Europe, and the Making of the Modern World Economy* (Princeton, NJ : Princeton University Press , 2000).

第二章

1 Li Xueqin, *Eastern Zhou and Qin Civilizations* (New Haven, CT : Yale University Press , 1985), pp. 12–15 .

2 費正清(John King Fairbank)和谷梅(Merle Goldman), *China: A New History* (Cambridge, MA : Belknap Press of Harvard University Press , 1998), p. 59 .

3 在*1421: The Year China Discovered America* (New York: William Morrow, 2003)一書中,作者 Gavin Menzies聲稱鄭和的全球航程中，早於哥倫布十多年抵達美洲。更多關於鄭和艦隊的描述，參見Louise Levathes, *When China Ruled the Seas: The Treasure Fleet of the Dragon Throne, 1405–1433* (New York : Simon and Schuster , 1994).

4 Peter Ward Fay, *The Opium War, 1840–1842* (Chapel Hill : University of North Carolina Press , 1975); and James Polachek, *The Inner Opium War* (Cambridge, MA : Council on East Asian Studies, Harvard University , 1992).

5 Susan Naquin, *Millenarian Rebellion in China: The Eight Trigrams Uprising of 1813* (New Haven, CT : Yale University Press , 1976).

6 Daniel Overmyer, *Folk Buddhist Religion: Dissenting Sects in Late*

(Cambridge, MA : Harvard University Press , 1960), and Rana Mitter, *A Bitter Revolution: China's Struggle with the Modern World* (Oxford : Oxford University Press , 2004).

7 這句話出現在多種場合，比如，出現在中國政府的英文網站 http://english.gov.cn/2005–08/06/content_20912.html（2012年8月6日訪問）。

8 詹啟華（Lionel M. Jensen）, "Culture Industry, Power, and the Spectacle of China's 'Confucius Institutes,'" in Timothy B. Weston and Lionel M. Jensen, eds., *China in and beyond the Headlines* (Lanham, MD : Rowman and Littlefield , 2012), pp. 271–299 , quote from p. 283.

9 我個人的看法是，在與孔子學院打交道時，有必要提高戒備，謹慎應對。尤其是大學，要處處留心，防止發生損害學術自主性的事情，避免關於中國的自由討論受到干擾。然而，需要說明的是，當初，為推進本書第一版的籌備工作，一些機構發起並在部分大學舉行了研討會，其中也有來自孔子學院的資金支持。瞭解到這一點之後，我在研討會上提議，首先圍繞書中的特定章節展開討論。這些章節所強調的是，孔子在中國並非一直受到推崇，並且中共在過去曾經發起批判孔子的運動。孔子學院出席研討會的代表始終沒有提出異議。事實上，他們多次聲稱，很享受整個研討過程。

10 于丹 (Yu Dan), *Confucius from the Heart: Ancient Wisdom for the Modern World* (London : MacMillan , 2009).

11 Andrew Jacobs, "Confucius Statue Vanishes near Tiananmen Square," *New York Times* , April 22, 2011, http://www.nytimes.

者，如著名的口述歷史學家、記者桑曄。

第一章

1 關於孔子以及中國早期思想家的更多資訊，請參閱史華茲(Benjamin I. Schwartz),《古代中國的思想世界》*The World of Thought in Ancient China* (Cambridge, MA : Harvard University Press , 1985)。這是一本權威的綜合性參考書，通過它，感興趣的讀者可以找到相關原始文獻的權威譯本。關於中國古代哲學家主要觀點的英文摘譯，還可參考Wm. Theodore de Bary et al., eds., *Source of Chinese Tradition* , Volume I, 2 nd ed. (New York : Columbia University Press , 2000).

2 關於幸運簽餅的起源, see Jennifer 8. Lee, "Solving a Riddle Wrapped in a Mystery inside a Cookie," *New York Times* , January 16 , 2008, http://www.nytimes.com/2008/01/16/dining/16fort.html?pagewanted=1&_r=1&em&en=e&ex=1200632400 (accessedJuly 18, 2012).

3 詹啟華(Lionel M. Jensen), *Manufacturing Confucianism* (Durham, NC : Duke University Press , 1997).

4 關於長城的誤解，參見林蔚(Arthur Waldron), *The Great Wall of China: From History to Myth* (Cambridge : Cambridge University Press , 1992).

5 K.E.Brashier,ed.,*The First Emperor : Selections from the Grand Historian* (Oxford : Oxford University Press , 2009).

6 關於新文化運動的背景和相關文獻, see Chow Tse-tsung, *The May Fourth Movement: Intellectual Revolution in Modern China*

注釋NOTES

作者說明

1 Timothy Garton Ash, "Lack of News about China Has Nothing to Do with Bias," *Los Angeles Times* , April 16, 2009.

2 Robert A. Kapp "Coming Distractions: Two Kinds of Time," *China Beat* , November 12 , 2008, http://www.thechinabeat.org/?p=276 (accessed July 18 , 2012) 我同意這種看法，國外關於中國的寫作的確進入了「第二春」，尤其是英文寫作。在此，我要感謝那些作出貢獻的人們：歐逸文（Evan Osnos），何偉（Peter Hessler），張彥(Ian Johnson), Lijia Zhang, 傅好文（Howard French）, Pankaj Mishra, 張彤禾(Leslie T. Chang), 梅英東(Michael Meyer), 齊福德（Rob Gifford）, Barbara Demick, 蕭安玲（Tania Branigan）, Christina Larson, Mara Hvistendahl, Adam Minter, Gady Epstein, James Miles, 艾禮凱（Alec Ash）, and Pallavi Aiyar. 這份名單很不完整，只包括部分進行書面創作的作者、一九九〇年代以來方始關注中國的作者，以及主要或僅以英文寫作的作者。因此，名單中遺漏了借助於廣播的人們，如林慕蓮（Louisa Lim）；遺漏了早期的優秀作家，如Isabel Hilton和夏偉（Orville Schell），他們至今仍筆耕不輟，成果豐碩；遺漏了歐洲最優秀的中國評論家和中文寫作

認為中美有著諸多共同點的有價值的觀點出現在許多文章中，如Stephen Mihm於2008年8月26日在《波士頓環球》上發表的“A Nation of Outlaws: A Century Ago, That Wasn't China—It Was Us”；Kate Merkel-Hess等人所編 *China in 2008*一書中收錄的各種稿件；以及康明思(Bruce Cumings)所著的*Dominion from Sea to Sea: Pacific Ascendancy and American Power* (New Haven, CT: Yale University Press, 2009)。也請參閱傅好文(Howard w‧French)於2009年7月31日在《國際先驅導報》上發表的“Letter from China: China Could Use Some Honest Talk about Race”，http://www.nytimes.com/2009/08/01/world/asia/01iht-letter.html?partner=rssnyt&emc=rss，在這篇文章中，作者將1967年在底特律所爆發的騷亂與2009年7月在新疆發生的騷亂並列起來進行比較。

已然提及的文集類著作，例如駱思典（Stanley Rosen）和Peter Hays Gries所編State and Society in 21st-Century China；詹森（Lionel M. Jensen）、魏定熙（Timothy B. Weston）所主編的三部曲文集；Kate Merkel-Hess、彭慕蘭（Kenneth L. Pomeranz）等人所編的*China in 2008*；以及Angilee Shah與華志堅所編的*Chinese Characters*。

能源和環境方面的最佳分析成果很大程度上可以透過「中國綠色項目」(http://sites.asiasociety.org/chinagreen/links/)這樣的重要研究計劃從線上獲取，該項目透過由夏偉（Orville Schell）擔任主任的美國亞洲協會的美中關係中心進行運作，夏偉到中國旅行並進行中國方面的寫作已有三十年多年；還有富有啟發性的「中國對話」雙語網站（http://www.chinadialogue.net/），該網站的發起人是另一位中國事務的資深評論家Isabel Hilton；以及伍德羅．威爾遜中心的「中國環境論壇」(http://www.wilsoncenter.org/index.cfm?topic_id=1421&fuseaction=topics.home)，該論壇由中華人民共和國環境議題領域的專家、該論壇主管吳嵐(Jennifer Turner)所運作。探討水資源議題的著作，請參閱彭慕蘭（Kenneth L. Pomeranz）在《新左評論》2009年7/8月刊上發表的"The Great Himalayan Watershed"。也請參閱*Chinese Characters*一書中由Christina Larson撰寫的章節"Yong Yang's Odyssey"。

關於與中國的環境和經濟議題相關的一系列議題，睿智而具有可讀性的材料請參閱James Fallows近年來在《大西洋月刊》上發表的文章，這些文章也可在他出版的*Postcards from Tomorrow Square: Reports from China* (Vintage , 2008)一書中找到。也請參閱華衷（Jonathan Watts）所著《當十億中國人一起跳》（天下雜誌，2010）。

Pomfret)所著的Chinese Lessons(Holt,2006);張彥(Ian Johnson)所著的《苛稅、胡同和法輪功:底層中國的緩慢革命》(八旗文化,2012);裴宜理(Elizabeth J. Perry)和谷梅(Merle Goldman)所編的*Grassroots Political Reform in Contemporary China*(Harvard University Press,2007); George J. Gilboy和Benjamin L. Read在《華盛頓季刊》2008年夏季刊第143-164頁上發表的"Political and Social Reform in China: Alive and Walking";以及白傑明所編的*Red Rising, Red Eclipse*。

探討中共十八大、薄熙來醜聞及與之相關的2012年中國所發生的諸多事件的材料,請參閱《紐約時報》所發佈「衛兵交接」系列文章(相關文章都收錄在這裡,http://topics.nytimes.com/top/features/timestopics/series/changing_of_the_guard/index.html?8qa)以及《經濟學人》雜誌2012年整年對該主題所做的報導,該雜誌目前在報導中國方面擁有一大批能力極強的記者。也請參閱高安西(John Garnaut)所著電子書*Rise and Fall of the House of Bo*(Penguin,2012);對胡錦濤十年執政期間所錯失機會的尖銳評估,請參閱張彥(Ian Johnson)於2012年9月27日在《紐約書評》上發表的文章"China's Lost Decade"。

關於中國的民族主義,有一系列很好的入門材料,可以使讀者瞭解學術界對這個複雜主題展開研究的學術方法。這些材料包括安戈(Jonathan Unger)所著的*Chinese Nationalism*(M. E. Sharpe,1996);杜贊奇(Prasenjit Duara)所著的*The Global and the Regional in China's Nation-Formation*(Routledge,2009);以及沈艾悌(Henrietta Harrison)所著的*China: Inventing the Nation*(Oxford University Press,2001)。探討當代中國民族主義及其複雜性的著作,請參閱上文

Press, 2003)。探討台灣議題的著作，請參閱唐耐心(Nancy Bernkopf Tucker)所著的《1949年後的海峽風雲實錄：美中台三邊互動關係大揭秘》(黎明文化，2012)。探討香港問題的著作，雖然存在大量針對「九七過渡」的文獻，但比較好的入門書籍還是高馬可(John M. Carroll)所著的*A Concise History of Hong Kong* (Rowman and Littlefield, 2007)以及李歐梵那部公認的風格特殊但卻活靈活現地對香港這塊前皇家殖民地的當代生活進行介紹的著作City Between Worlds: My Hong Kong (Harvard University Press, 2008)。關於鄉土中國朝向城市中國的變遷，近年來的一部具有樣本意義的學術著作是John Logan所編的*Urban China in Transition* (Wiley, 2008)，它對比較性的主題(comparative themes)傾注了特別的關注;對從鄉村向城市遷徙過程中人的面向進行探索的引人入勝的報導文學作品，請參閱張彤禾(Leslie T. Chang)所著《工廠女孩：從鄉村到城市的變動中國》(樂果文化，2013)；也請參閱蘇黛瑞(Dorothy Solinger)所著《在中國城市中爭取公民權》(浙江人民出版社，2009)以及戴夢(Michelle DammonLoyalka)在*Eating Bitterness: Stories from the Frontline of China Great Urban Migration* (University of California, 2012)一書中優雅打造的西安農民工的形象。

關於中國的政治未來以及腐敗之類的痼疾，有一些出色的論述，各位作者所持立場不盡相同，既有悲觀論調也有樂觀看法，其中包括林培瑞(Perry Link)和Josh Kurlantzick於2009年5月25日在《華爾街日報》發表的"China's Modern Authoritarianism"；潘公凱(Philip P. Pan)所著的*Out of Mao's Shadow: The Struggle for the Soul of a New China* (Simon and Schuster, 2008); 潘文(John

books/2008/03/31/080331crbo_books_mishra?currentPage=all。也可以參閱之前引用過的Kate Merkel-Hess、彭慕蘭(Kenneth L. Pomeranz)等人所編China in 2008一書中關於西藏問題的文章。

第六章

也許在專門為「延伸閱讀」而準備的一節中加入這些內容似乎有些奇怪，但對本章要加以處理的所有議題所作的最佳報導，都可以在三位才華橫溢、富有經驗的新聞工作者於2010年至2012年所作的報導中找到，三人均在中國工作，分屬於三大不同的美國公共電台節目。令我印象深刻的這個鐵三角組合是全國公共廣播電台駐北京分社首席記者林慕蓮(Louisa Lim，最常在Morning Edition節目中聽到她的聲音)，國際公共廣播電台 駐北京記者馬潔濤(Mary Kay Magistad，最常在英國廣播公司The World節目中聽到他的聲音)以及美國公共媒體駐華記者Rob Schmitz(從上海及中國其它地方為Marketplace雜誌進行報導)。幸運之處在於，這些報導往往可在線上持續存在，不論是以播客、文字稿或兩者兼具的形式，因而那些首播之時錯過這些報導的朋友仍可在網上收聽、閱讀並從中獲益。與本章所試圖處理的主題保持同步的其他有價值的新聞源還包括蕭安玲(Tania Branigan)為《衛報》所作的報導(報導樣本可以在下面這個網址找到：http://www.guardian.co.uk/profile/taniabranigan)，《華爾街日報》的「中國即時報」部落格(http://blogs.wsj.com/chinarealtime/)以及彭博社駐華記者Adam Minter的"Shanghai Scrap"部落格(http://shanghaiscrap.com/)。

關於今昔人民解放軍的出色介紹，請參閱施道安(Andrew Scobell)所著的*China's Use of Military Force* (Cambridge University scholarship.php?searchterm=019_han_studies.inc&issue=019；以及Sara L. Friedman所著*Intimate Politics: Marriage, the Market, and State Power in Southeastern China*（Harvard University Press，2006），該書對一群被歸為「漢族」但在性別關係有著獨特看法的人士做了檢視。探討代溝問題的著作，請參閱Duncan Hewitt, *Getting Rich First: A Modern Social History*（Pegasus，2008）；閻雲翔所著的*Private Life under Socialism*（Stanford University Press，2003）和"Little Emperors or Frail Pragmatists?" *Current History*，September 2006, pp. 255–262；艾禮凱（Alec Ash）如今已休眠的部落格「六」的文章存檔（http://www.thinksix.net/）；以及Zachary Mexico所著的*China Underground*（Soft Skull，2009）。

對於把歐威爾和赫胥黎進一步當作瞭解中華人民共和國指南的討論，請參閱我的著作China's Brave New World—and Other Tales for Global Times (Indiana University Press, 2007)以及我於2011年5月20日在《洛杉磯書評》上發表的文章"Hot Dystopic: Orwell and Huxley and China's World's Fair"，http://lareviewofbooks.org/article.php?id=199&fulltext=1。關於西藏的複雜性，一部可以讓你開啟探索西藏之旅的有用著作是皮科．艾爾（Pico Iyer）所著*The Open Road: The Global Journey of the Fourteenth Dalai Lama* (Knopf, 2008)，還有兩篇富有洞察力的評論可以與這本書搭配起來閱讀，它們以皮科．艾爾的討論為起點評估了西藏當前的困境，這兩篇評論是Robert Barnett於2008年5月29日在《紐約書評》上發表的文章"Thunder from Tibet"，http://www.nybooks.com/articles/21391以及Pankaj Mishra於2008年3月31日在《紐約客》上發表的文章"Holy Man"，http://www.newyorker.com/arts/critics/

的分析可以在由詹森(Lionel M. Jensen)、魏定熙(Timothy B. Weston)所主編的三部曲文集中找到：*China beyond the Headlines* (Rowman and Littlefield , 2000), *China's Transformations* (Rowman and Littlefield , 2007), and *China in and beyond the Headlines* (Rowman and Littlefield , 2012)。

若想對中華人民共和國的宗教有所瞭解，請參閱Yoshiko Ashiwa和王達偉(David L. Wank)所編的*Making Religion, Making the State: The Politics of Religion in Modern China* (Stanford University Press , 2009);由張彥(Ian Johnson)寫作的各類文章、書評及評論，包括2011年12月22日發表在《紐約書評》上的"China Gets Religion!"；以及收錄在PBS「前線」系列「十字架：耶穌在中國」紀錄片網站上的歐逸文(Evan Osnos)及其他人所撰寫的材料，http://www.pbs.org/frontlineworld/stories/china_705/。討論地區分化及其他諸如此類問題的著作，請參閱Susan D. Blum 和詹森(Lionel M. Jensen)所編的*China Off Center: Mapping the Margins of the Middle Kingdom* (University of Hawaii Press , 2002);齊福德(Rob Gifford)所著的《312號公路：一趟橫貫中國、由上海到哈薩克邊界的312號國道之旅，帶你見證中國的隱憂與展望》(天下雜誌，2009)；以及李成,"Rediscovering Urban Subcultures: The Contrast between Shanghai and Beijing," China Journal , July 1996, pp. 139–153。探討民族差異的著作，請參閱李瑞福(Ralph Litzinger)所著的*Other Chinas: The Yao and the Politics of National Belonging* (Duke University Press , 2000); 墨磊寧(Thomas S.Mullaney)於2009年9月在重要的線上季刊China Heritage Quarterly上發表的"Introducing Critical Han Studies"，http://www.chinaheritagequarterly.org/

Oxford University Press , 2010)。一點也不讓人感到驚訝的是，關於此議題的大部分必讀論述都出現在網上，例如前CNN駐北京辦事處主任、新媒體分析家麥康瑞(Rebecca MacKinnon)所創辦的RConversation (http://rconversation.blogs.com)，金玉米(Jeremy Goldkorn)所創辦的「單位：中國媒體、行銷、廣告和都市生活」(http://www.danwei.com)，加州大學伯克萊分校新聞研究生院師生創辦的中國數字時代(http://chinadigitaltimes.net/),香港大學新聞與媒體中心創辦的中國傳媒研究計畫(http://cmp.hku.hk/)。對相關主題做了很好追蹤的近期創辦的網站還包括中參館(http://www.chinafile.com)，中國的故事(http://www.thechinastory.org/)和茶葉之國(http://www.tealeafnation.com)。

第五章

若想對美中互動及相互印象的背景有所瞭解的話，請參閱史景遷(Jonathan Spence)所著的《改變中國》(時報出版，2004)；Harold R. Isaac所著的《美國的中國形象》(花神出版社，2005)；歐達偉(David Arkush)和李歐梵(Lee Ou-fan Lee)所編的*Land Without Ghosts: Chinese Impressions of America from the Mid-Nineteenth Century to the Present* (University of California Press , 1993)；甘思德(Scott Kennedy)所編的*China Cross-Talk* (Rowman and Littlefield , 2003);沈大偉所著*Beautiful Imperialist: China Perceives America, 1972–1990* (Princeton University Press , 1993);以及孔華潤(Warren G. Cohen)所著的*America's Response to China: A History of Sino-American Relations* , fifth edition (Columbia University Press , 2010)。以機敏、可讀性兼而有之的方式對待本章所處理的許多議題

of California Press , 2008)。欲瞭解概要性的文章，請參閱Harriet Evans於2005年1月1日 在New Statesman上 發 表 的"The Little Emperor Grows Selfish"，http://www.newstatesman.com/200501010012。討論奧運會意義的書籍，請參閱包蘇珊(Susan Brownell)所著的*Beijing's Games: What the Olympics Mean to China* (Rowman and Littlefield , 2008)。

討論中印比較的書籍，請參閱Pankaj Mishra(例如，他於2007年8月《哈潑時尚雜誌》第83-88頁上發表的"It's a Round World After All: India, China, and the Global Economy"一文)和PranabBardhan(例如，他在《亞洲研究季刊》2009年5月刊第347-357頁上發表的"India and China: Governance Issues and Development")深具洞見的文章；Pallavi Aiyar所著的*Smoke and Mirrors: An Experience of China* (Harper Collins India , 2008)一書則提到了中印兩國之間諸多的相似性和差異性。對於新疆問題有著審慎研究且極富可讀性的作品是米華健(James Millward)所著*Eurasian Crossroads: A History of Xinjiang* (Columbia University Press , 2007)；米華健關於2009年新疆七五動亂的珍貴評估，請參閱米華健於2009年6月29日在"The China Beat"部落格上貼出的文章"The Urumqi Unrest Revisited"，http://www.thechinabeat.org/?p=558。也可參閱John Gittings於2009年7月7日在《衛報》上發表的評論"China's Uighur Conundrum"，http://www.guardian.co.uk/commentisfree/2009/jul/07/uighur-china-xinjiang-urumqi。

若想對中國的「數位落差」和網路控制有所瞭解的話，請參閱楊國斌所著的*The Power of the Internet in China* (Columbia University Press , 2009)以及謝淑麗所編的*Changing Media, Changing China* (

Press，1999)，該書仍然是對介於官方允許和完全壓制的文化活動形式之間的灰色地帶（對這個議題的近期描述，請見林慕蓮（Louisa Lim）和我於2012年6月5日在《紐約時報》上發表的“The Gray Zone: How Chinese Writers Elude Censors”）之中的藝術家和知識份子用以應對的策略的最佳全面說明；以及《紐約客》雜誌駐華記者歐逸文（Evan Osnos）在他出色的「中國來鴻」部落格上貼出的許多帖子，包括《賈樟柯和熱比婭》一文，http://www.newyorker.com/ online/blogs/evanosnos/2009/07/jia-zhangke-rebiya-kadeer.html。

關於韓寒，請參閱由Allan Barr翻譯和出版的從韓寒部落格文章彙整而來的文集，This Generation (Simon and Schuster，2012)。白傑明（GeremieBarmé）在其主編的*Red Rising, Red Eclipse* (Australia National University，2012)討論了韓寒和艾未未，把他們的部落格文章樣文收錄在這本文集的「來自部落格空間的聲音」章節中。關於莫言的討論，請參閱林培瑞（Perry Link）在2012年12月6日《紐約書評》上發表的“Does This Writer Deserve the Prize?”一文；與林培瑞的觀點形成對照的一種見解，見羅福林（Charles Laughlin）於2012年11月11日中參館（美國亞洲協會的線上出版物）上發表的“What Mo Yan's Detractors Get Wrong”，http://www.chinafile.com/what-mo-yan%E2%80%99s-detractors-get-wrong。關於劉曉波，請參閱由林培瑞、廖天琪、劉霞所編輯的由眾多譯者翻譯的劉曉波文集*No Enemies, No Hatred: Selected Essays and Poems* (Harvard University Press，2012)，林培瑞在該書開頭寫了一個篇幅很長的「導讀」。

討論中國出生控制運動的書籍，請參閱Susan Greenhalgh所著的*Just One Child: Science and Policy in Deng's China* (University

共統治正當性的那章；裴宜理（Elizabeth J. Perry）和賽爾登（Mark Selden）所編的*Chinese Society: Change, Conflict and Resistance,* second edition（Routledge，2003)，該書尤其關注八九天安門事件以來發生的抗議；沈大偉（David Shambaugh）所著的《中國共產黨：收縮和調適》（中央編譯出版社，2011），該書的優點在於闡明中共在從其他國家社會主義政權的垮台中習得教訓方面所付出的努力；韓博天(Sebastian Heilmann) 和裴宜理（Elizabeth J. Perry）所編的*Mao's Invisible Hand: The Political Foundations of Adaptive Governance in China*（Harvard University Press，2011)，該書提醒我們中共在其整個黨史上是如何時刻準備進行新的嘗試的；馬利德（Richard McGregor）所著的《中國共產黨：不可說的秘密》（聯經出版，2011），這是一部強調中國的政治、商業及軍事問題如何糾纏在一起的著作；以及黎安友（Andrew J. Nathan）（很有可能是「具有韌性的威權主義」這一想法的首倡者）以及其他學人在Journal of Democracy2009年7月刊特別專題「一九八九年以來的中國」中所發表的文章。討論法輪功的著作，請參閱王大為（David Ownby）所著的*Falun Gong and the Future of China*（Oxford University Press，2008)。

關於當代中國智識生活的複雜景觀，以及在思考中國問題時超越「不是政權的異議者就是辯護者」的這一簡單二分法的必要性，請參閱在由王超華所編輯的重要論文集《歧路中國》（聯經出版，2004）中羅列的觀點摘要，以及黃樂嫣（Gloria Davies）所著的*Voicing Concerns*（Rowman and Littlefield，2001)。也請參閱Michael Dutton所著*Streetlife China*（Cambridge University Press，1999); 白傑明（Geremie R. Barmé）所著的*In the Red*（Columbia University

方語言的重要研究和文集）。下面這個網站對相關作品作了很好的收集、整理，請訪問http://www.tsquare.tv，這是從卡瑪（Carma Hinton）和高富貴（Richard Gordon）所執導的優秀紀錄片《天安門》（1996）應運而生的一個網站。也可以參閱Craig Calhoun所著*Neither Gods nor Emperors: Students and the Struggle for Democracy in China*（University of California Press，1997）以及金培力（Philip J. Cunningham）所著*Tiananmen Moon: Inside the Chinese Student Uprising of 1989*（Rowman and Littlefield，2009）；對於天安門屠殺本身及抗爭中的一些重要人物所作的研究，請參閱George Black and Robin Munro所著*Black Hands of Beijing*（Wiley，1993)；對解放軍行動的討論，請參閱蔔正民（Timothy Brook）所著*Quelling the People*（Stanford University Press，1998）；對運動參與者著述的介紹，請參閱Han Minzhu所編*Cries for Democracy*（Princeton University Press，1990）以及白傑明（Geremie R. Barmé）和賈佩琳（Linda Jaivin）所編*New Ghosts, Old Dreams*（Crown，1992)；對1989年北京以外所發生事件的敘述，請參閱安戈（Jonathan Unger）所編*The Chinese Democracy Movement: Reports from the Provinces*（M. E. Sharpe，1991)；以共產黨高級幹部在動盪中的遭遇為視角的著作，請參閱趙紫陽所著（口述）《國家的囚徒：趙紫陽的祕密錄音》（時報出版，2009）以及張良編撰的《中國「六四」真相》（明鏡出版社，2001）。

若想瞭解1989年以來中共有能力繼續掌權之原因以及這二十多年中國所出現的社會變遷，請參閱Peter Hays Gries和駱思典（Stanley Rosen）所編的*State and Society in 21st-Century China*（Routledge，2004)，尤其是許慧文（Vivienne Shue）所寫的剖析中

第四章

若想對中國後毛澤東時期局勢發展有所概括瞭解的話，請參閱包瑞嘉（Richard Baum）所著*Burying Mao: Chinese Politics in the Era of Deng Xiaoping , updated edition* (Princeton University Press , 1996)，該書對中國「高政治」（high politics）的分析尤其出色；齊慕實（Timothy Cheek）所著Living with Reform: China since 1989 (Zed , 2007)，對文化及智識發展作了很好的說明；以及傅高義所著《鄧小平改變中國》（天下文化，2012），透過對鄧小平這個後1976時期中國最有權勢人物生平的介紹，使讀者認識那個時期。討論民主牆及相關事件的著作，請參閱黎安友所著《中國的民主》（五南，1994）；谷梅（Merle Goldman）所著*Sowing the Seeds of Democracy in China: Political Reform in the Deng Xiaoping Decade* (Harvard University Press , 1994);以及白傑明（Geremie R. Barmé）和閔福德（John Minford）所編*Seeds of Fire: Chinese Voices of Conscience* (Hill and Wang , 1988)。對逐漸升級至天安門民主運動地步的事件及思潮所作的分析，請參閱華志堅（Jeffrey N. Wasserstrom）所著*Student Protests in Twentieth-Century China: The View from Shanghai* (Stanford University Press , 1991)的最後一章；裴宜理（Elizabeth J. Perry）和華志堅（Jeffrey N. Wasserstrom）所編*Popular Protest and Political Culture in Modern China* , second edition (Westview , 1994);以及林培瑞（Perry Link）所著*Evening Chats in Beijing* (W. W. Norton , 1993)。

討論天安門本身的文獻在數量上堪稱龐大（這還僅僅是指英語材料，此外還存在卷帙浩繁的中文出版物以及法語及其他西

者評〈毛澤東：鮮為人知的故事〉》(大風出版社，2008) Was Mao Really a Monster?(Routledge , 2009)。

第二部分：概述

要對中國近年來的變遷歷程以及身處劇烈變革中的人的面相有所掌握，一些可資借助的最佳書籍是一些自由撰稿人和記者的作品，如張彥(Ian Johnson)、戴夢(Michelle Dammon Loyalka)、查建英、Duncan Hewitt、張彤禾(Leslie T. Chang)、梅英東(Michael Meyer)、何偉(Peter Hessler)、桑曄。首先要介紹給大家三部好書，一部是何偉的《尋路中國》(八旗文化，2011)；一部是桑曄對中國各行各業普通人的訪談集，其風格類似於美國口述歷史學家Studs Terkel，由白傑明(Geremie R. Barmé)整理並翻譯，*China Candid: The People of the People's Republic of China* (University of California Press , 2006);以及查建英所著*Tide Players: The Movers and Shakers of a Rising China* (New Press , 2011)。也可參閱Angilee Shah和我共同編輯的文集*Chinese Characters: Profiles of Fast-Changing Lives in a Fast-Changing Land* (University of California Press , 2012)，該文集由多位背景各異、才華橫溢的作家(包括上面提到的幾位)所撰寫的短文彙集而成。對當代中國政治及近年來的美中關係做出有價值介紹的著作是謝淑麗(Susan Shirk)所著的《脆弱的強權：在中國崛起背後》(遠流，2008)。讀者也可以在Stephanie Donald和 Robert Benewick所著*The State of China Atlas, revised and updated edition* (University of California Press , 2009)一書中找到關於中國的引人入勝的介紹。

State,1915–1953 (University of California Press , 2003)。

關於文化大革命前前後後的情況，可見麥克法誇爾(Roderick MacFarquhar)和沈邁克(Michael Schoenhals)所著的《毛澤東最後的革命》(左岸文化，2009年)；卡瑪(Carma Hinton)和白傑明執導的衝擊力十足的紀錄片《八九點鐘的太陽》(2005，該紀錄片的相關網站是http://www.morningsun.org)；以及Richard C. Kraus所著的The Cultural Revolution: A Very Short Introduction (Oxford University Press , 2012)，是一部博學和簡明扼要兼具的傑作。關於北京的學生運動，見魏昂德(Andrew G. Walder)所著的Fractured Rebellion: The Beijing Red Guard Movement (Harvard University Press ,2009)；關於文革的文化、藝術和性別維度，見艾華(Harriet Evans)和Stephanie Donald主編的Picturing Power in the People's Republic of China: Posters of the Cultural Revolution (Rowman and Littlefield , 1999)，這是一部插圖豐富的文集；關於中國農村的暴力事件，見蘇楊所著的Collective Killings in Rural China during the Cultural Revolution (Cambridge University Press , 2011)。關於大躍進時期的大饑荒，見楊繼繩《墓碑——中國六十年代大饑荒紀實》(香港天地圖書有限公司，2008年)；周遜主編的The Great Famine in China, 1958–1962: A Documentary History (Yale University Press , 2012)；以及馮克(Frank Dikotter)所著的《毛澤東的大飢荒：1958-1962年的中國浩劫史》(印刻，2012)。關於1976年以來毛澤東的名聲以及圍繞如何評價他一生所作所為而展開的爭論，見白傑明(Geremie R. Barmé)所著的Shades of Mao: The Posthumous Cult of the Great Leader (M. E. Sharpe , 1996)和林春、班國瑞(Gregor Benton)主編的《傳記還是杜撰？— 海外學

中國中央當局和地方社群之間的關係給予了非同尋常的關注。

欲瞭解國民黨兩位主要領導人的生平及其時代，見白吉爾（Marie-Claire Berg è re）所著的《孫逸仙》（時報出版，2010），以及陶涵（Jay Taylor）所著的《蔣介石與現代中國的奮鬥》（時報出版，2010）。

關於毛的著作異常繁多。最新的關於毛的全面性傳記是Alexander V.Pantsov和Steven I. Levine所著的Mao: The Real Story (Simon and Schuster ,2012)。另外兩部篇幅較短的著作也很有價值，一部是齊慕實（Timothy Cheek）所著的Mao Zedong and the Chinese Revolutions: A Brief History with Documents (Bedford , 2002)，其中包含對最為重要的毛語錄的英文翻譯；另一部是柯瑞佳（Rebecca Karl）所著的Mao Zedong and China in the Twentieth-Century World(Duke University Press , 2010)。各個領域的權威專家所撰寫的關於毛的生活和遺產的方方面面的重要著述，可參見齊慕實（Timothy Cheek）所主編的A Critical Introduction to Mao (Cambridge University Press , 2010)。關於魯迅，可見翻譯家藍詩玲（Julia Lovell）所著的The Real Story of Ah-Q and Other Tales of China: The Complete Fiction of Lu Xun(Penguin ,2009)，對魯迅的一生及其著作進行了極佳的全面審視。對毛澤東時期自下而上的審視，見Edward Friedman等人所著的《中國鄉村，社會主義國家》（社會科學文獻出版社，2002）；欲瞭解毛澤東時代人們的成長經歷，參見余華所著《十個詞彙裡的中國》（麥田出版社，2011年）一書中的回憶，以及鐘雪萍等人所著的Some of Us: Chinese Women Growing Up in the Mao Era (Rutgers , 2011)。關於婚姻法，見葛思珊（Susan Glosser）所著的Chinese Visions of Family and

動的起源》（江蘇人民出版社，第二版，2010年7月）；柯文（Paul A. Cohen）所著的《歷史三調：作為事件、經歷和神話的義和團》（江蘇人民出版社，2005年）；以及畢可思（Robert Bickers）和狄德滿（R. G. Tiedemann）主編的The Boxers, China, and the World (Rowman and Littlefield , 2007)。關於中國古代帝王和中共領導人之間的異同，以及其他諸如此類的問題，見白傑明（Geremie R. Barmé）所著的The Forbidden City (Profile Books , 2008)。

第三章

許多頗有價值的書籍均涉及到本章所討論的事件和人物的一部分或全部，所提供的資訊也比本書更加詳盡具體，然而在寫作風格上同樣通俗易懂。大部分此類書籍也包含註腳或文獻目錄，或二者兼而有之，將讀者指向一些更具專業性的研究成果。比如，Rana Mitter所著的A Bitter Revolution: China's Struggle with the Modern World (Oxford University Press , 2005)，對五四運動的遺產進行了強有力的論述；Jonathan Fenby所著的The Penguin History of Modern China: The Fall and Rise of a Great Power,1850–2009 (Penguin , 2008)，對國共兩黨均涉足其間的政治事件以及領導人個人的性格的處理尤其具有參考價值；John Gittings所著的The Changing Face of China (Oxford University Press , 2006)，對毛澤東時期(1949–1976)的歷史事件進行了非常有效的探索；沙培德（Peter Zarrow）所著的China in War and Revolution, 1895–1949 (Routledge , 2005)，以一種嚴密複雜的方式對近代中國的思想趨勢進行了梳理；以及柯嬌燕（Pamela Crossley）所著的The Wobbling Pivot, China since 1800: An Interpretive History (Wiley , 2010)，對

第二章

如果讀者想要尋找學術性和通俗性兼備且包含最新學術研究成果的關於中國具體朝代的概述，那麼哈佛大學出版社出版、蔔正民（Timothy Brook）擔任主編的“History of Imperial China”系列是一個不錯的選擇。這個重要的系列包括陸威儀（Mark Lewis）所著的The Early Chinese Empires: Qin and Han (2007) 和 China's Cosmopolitan Empire: The Tang Dynasty (2009)；庫恩（Dieter Kuhn）所著的The Age of Confucian Rule: The Song Transformation of China (2009)；蔔正民所著的The Troubled Empire: China in the Yuan and Ming Dynasties (2010)；以及羅威廉（William T. Rowe）所著的China's Last Empire: The Great Qing (2009)。對帝制中國晚期的概述，見魏斐德（Frederic E. Wakeman Jr）所著的《大清帝國的衰落》（時報文化，2011）。近期出版的關於19世紀中葉中國歷史的迷人作品包括藍詩玲（Julia Lovell）所著的The Opium War: Drugs ,Dreams and the Making of China (Picador , 2011)；畢可思（Robert Bickers）所著的The Scramble for China: Foreign Devils in the Qing Empire, 1832–1914 (Penguin ,2011)；以及裴士鋒（Stephen R. Platt）所著的《太平天國之秋》（衛城出版，2013）——Maura Elizabeth Cunningham在一篇書評中對這三本書做了介紹，比較了共同點，對照了不同點，這篇書評是“Forgetting and Remembering: New Books on China and the West in the Nineteenth Century,” World History Connected ,October 2012, http://worldhistoryconnected.press.illinois.edu/9.3/br_cunningham.html。關於義和拳拳民，見周錫瑞（Joseph W. Esherick）所著的《義和團運

演變的複雜過程，見詹啟華（Lionel Jensen）所著的Manufacturing Confucianism: Chinese Traditions and Universal Civilization (Duke University Press , 1997)。欲瞭解中國古代尊孔的背景以及近年來孔廟和孔子塑像的回潮，見孟久麗（Julia K. Murray）的文章："'Idols' in the Temple: Icons and the Cult of Confucius", Journal of Asian Studies68 , No.2 (2009), pp. 371–411。關於如何評價孔子及其思想在中國再次引發人們的興趣，一種比本書評價更加正面的看法，參見貝淡寧（Daniel A. Bell）所著的《中國新儒家》（上海三聯，2010）；關於這本書的一篇有價值、有鑒賞力亦不乏批評的書評，參見齊慕實（Timothy Cheek）, "The Karaoke Classics: A View from Inside China's Confucian Revival," Literary Review of Canada, November 2008,http://reviewcanada.ca/reviews/2008/11/01/the-karaoke-classics/。欲瞭解關於北京奧運會開幕式的諸多簡要看法，包括對開幕式上孔子元素的一些分析，參見白傑明（Geremie R. Barmé）、李海燕（Lee Haiyan）的相關文章以及Kate Merkel-Hess、彭慕蘭（Kenneth L. Pomeranz）和華志堅（Jeffrey N. Wasserstrom）主編的China in 2008: A Year of Great Significance (Rowman and Littlefield , 2009; hereafter China in 2008 ）一書。欲瞭解對中國民主傳統（以及與之相關的中國人權傳統）的不同看法，見黎安友（Andrew J. Nathan）所著的《中國的民主》（五南，1994）；史雯（Marina Svensson）所著的Debating Human Rights in China (Rowman and Littlefield , 2002)；以及周錫瑞（Joseph W. Esherick）和華志堅（Jeffrey N. Wasserstrom）合作撰寫的"Acting Out Democracy: Political Theater in Modern China," Journal of Asian Studies , November 1990, pp. 835–865 。

書以清朝的建立為開端，是一部以散文式敘述為主的行文流暢的博學之作。上面列出的所有出版物(史景遷的除外)，均完成於上世紀末。因此，雖然這些著作都極具價值，但它們並未涵蓋學界專家的最新研究和發現。然而，借助於下面所推薦的讀物，讀者將會發現許多出版於21世紀的專業著作，並由此領略到最新的學術成果。

第一章

對孔子、孟子以及同時期相互爭鳴的其他哲學家的最佳概述性著作之一仍是史華慈(Benjamin Schwartz)所著的《古代中國的思想世界》(江蘇人民出版社，2004)。關於這些思想家著作的一個精選譯文集及其詳細介紹，見狄百瑞(Wm. Theodore de Bary)和藺愛蓮(Irene Bloom)主編的Sources of Chinese Tradition, Volume 1: From Earliest Times to 1600 (Columbia University Press , 1999)。如果要對孟子的世界觀和同一時期或一個世紀前後的道家、法家所持世界觀的異同有一個基本的認識，Arthur Waley所著的Three Ways of Thought in Ancient China (Stanford University Press , 1939)仍是一本不可多得的著作，Waley稱法家為「現實主義者」(“Realists”)；書中通篇都是對這些思想家尤為動人的文章章節的英文翻譯，部分文字既發人深思又趣味十足，尤其是關於莊子的部分。關於秦始皇的背景資料及其死後的名聲，見白瑞旭(K. E. Brashier)為司馬遷《史記·秦始皇本紀》的英文譯本The First Emperor: Selections from the Historical Record (Oxford University Press , 2007)所作的出色序言，該譯本的譯者是Raymond Dawson。關於孔子及其門徒的思想逐漸向「儒家學說」

進階閱讀 FURTHER READING

第一部分：綜述

普通院校關於中國歷史概述的課程曾經被稱為「從堯到毛」，以傳說中史前時代的一位聖賢明君堯和中華人民共和國首位最高領導人毛澤東的名字命名。（當然，現在的人們也可以提到一個後續的名為「從毛到姚」的課程，該課程涵蓋了從1976年毛澤東去世至籃球明星姚明的時代。姚明先是憑藉著在豐田中心球館的扣籃和得分成為頭條人物，繼而在2008年北京奧運會開幕式上擔任中國代表隊旗手的角色，並在2012年因歡迎轟動一時的美籍華人球星林書豪加盟他之前所在的休士頓火箭隊，以及一次高調友好的非洲之旅，而再次引發了眾多的媒體報導。）關於「從堯到毛」時期中國的通俗易懂的一般性綜述包括：伊佩霞（Patricia Ebrey）所著的《劍橋插圖中國史》（山東畫報出版社，2002）和費正清（John K. Fairbank）、谷梅（Merle Goldman）所著的《費正清論中國》（正中書局，1994）。對中國進行長程歷史描述但卻並未完全涵蓋「從堯到毛」時期的兩部有價值的著作是：賀凱（Charles Hucker）所著的China to 1850: A Short History (Stanford University Press , 1978)，這部書堪稱簡明扼要的典範之作；另一部是史景遷（Jonathan Spence）所著的《尋找現代中國》（時報，2008 ？ The Search for Modern China , third edition (W. W. Norton , 2013)，該

China in the 21st Century

What Everyone Needs to Know

中國一把抓

你未必深知的108個問題

作者 華志堅 Jeffrey N. Wasserstrom

譯者 楊濤斌、蔣文豪

總編輯 富察

特約編輯 古書羽

企劃 蔡慧華

設計 井十二設計研究室

排版 宸遠彩藝

社長 郭重興

發行人兼出版總監 曾大福

出版／發行 八旗文化／遠足文化事業股份有限公司

地址：新北市新店區民權路一〇八之二號九樓

電話：〇二－二二一八－一四一七

傳真：〇二－二二一八－八〇五七

客服：〇八〇〇－二二一－〇二九

部落格：gusapublishing.blogspot.com

法律顧問 華洋法律事務所／蘇文生律師

印刷 成陽印刷股份有限公司

初版一刷
二〇一三年八月
定價
新台幣三〇〇元整
有著作權、侵害必究

"China in the 21st Century: What Everyone Needs to Know, Second Edition"
was originally published in English in 2013 This edition is published by arrangement with Oxford Publishing Limited.
through Andrew Nurnberg Associates International Limited.

本書如有缺頁、破損、裝訂錯誤,請寄回更換

國家圖書館出版品預行編目(CIP)資料

中國一把抓：你未必深知的108個問題
華志堅(Jeffrey N. Wasserstrom)著；
楊濤斌 蔣文豪 翻譯
初版－新北市：八旗文化，遠足文化，
2013.08
面；公分
ISBN 978-986-5842-06-2 (平裝)

1.中國大陸研究

574.1
102012283